Meridian-Energie-Techniken
für ein Leben voller Kraft und Zuversicht

Inhalt

MET
Selbsthilfe im
21. Jahrhundert

Manche Bücher verändern das Leben. Und das – nicht mehr und nicht weniger – haben wir uns vorgenommen: *Meridian-Energie-Techniken für ein Leben voller Kraft und Zuversicht* soll Ihnen zeigen, wie Sie Ihren Alltag ab sofort ganz nach Ihren Wünschen gestalten können, energiegeladen, unbelastet, frei und glücklich. Nehmen Sie uns beim Wort!

Die Methode, die wir Ihnen in diesem Buch vorstellen, versetzt Sie in die Lage, Ihr Leben selbst in die Hand zu nehmen und es so zu gestalten, wie Sie es sich schon immer gewünscht haben. An manchen Stellen werden Sie vielleicht sagen: »So einfach kann das gar nicht gehen. Und schon gar nicht so schnell.« Aber seien Sie versichert: Nach unserer langjährigen Erfahrung können wir mit Fug und Recht behaupten: Es funktioniert. Mitunter in Windeseile.

Das Leben ist ja, mal im Großen, meistens im Kleinen, ständigen Wandlungen unterworfen. Auch Sie befinden sich in einem ständigen Entwicklungsprozess, der zumindest auf der körperlichen Ebene nicht zu übersehen ist: Denn als Sie auf die Welt kamen, waren Sie etwa 3,3 Kilogramm schwer und 50 Zentimeter lang. Und heute?

Wachstum findet aber auch auf der psychisch-emotionalen Ebene statt. Wir sprechen in diesem Zusammenhang von Persönlichkeitsentwicklung, und es geht dabei vor allem darum, Probleme im emotionalen Bereich aufzulösen. Im Verlauf der letzten hundert Jahre hat sich das Tempo der Arbeit im Persönlichkeitsbereich drastisch beschleunigt. Musste die klassische Psychoanalyse noch 200 bis 400 Stunden veranschlagen, um das Individuum in seinem persönlichen Entwicklungsprozess zu unterstützen, so haben deren Nachfolger, die tiefenpsychologisch orientierten Gesprächstherapien, den Zeitraum schon auf immerhin 25 bis 80 Stunden verkürzt. Weitere »Beschleuniger« waren NLP (Neurolinguistisches Programmieren), moderne Hypnoseverfahren und EMDR (Eye Movement Desensitization and Reprocessing), die persönliche Entwicklungsprozesse binnen fünf bis zehn Behandlungen in Aussicht stellten. Und mit neuartigen Meridian- beziehungsweise Klopftherapien wie MET kann es nun also – immer unter der Voraussetzung, dass die Methode fachgerecht angewendet wird – sogar schon innerhalb von ein, zwei Sitzungen zu zentralen Veränderungen – Heilung – kommen. Diese enorme Steigerung des Tempos entspricht der Beschleunigung, die sich auch in anderen Bereichen wie ein roter Faden durch die Menschheitsgeschichte zieht. Denken wir nur an die Technik der Vervielfältigung. Erst brauchte man einen Schriftkundigen, der Texte kopieren konnte, dann wurde der Buchdruck erfunden, dann die Schreibmaschine, dann der Computer. Und heute kann jeder so viel schreiben und es so häufig ausdrucken, wie er möchte. Was früher eine ausgesuchte Kunstfertigkeit und ein seltenes Privileg war, ist heute längst Allgemeingut geworden. Dass Entwicklungen immer schneller voranschreiten, scheint also in der Natur des Menschen zu liegen. Und zumindest, wenn es um das Auflösen belastender emotionaler und körperlicher Zustände geht – Ziel jeder Psychotherapie –, ist das auch gut so.

Mit MET ist uns ein Werkzeug zur Selbstbehandlung für den privaten Gebrauch gegeben, zugleich aber auch ein äußerst wirksames Instrument professioneller Therapie. In unseren Seminaren sind beide Interessentengruppen vertreten: sowohl Männer und Frauen, die MET für sich nutzen wollen, um ihre täglichen Sorgen und Nöte zu beklopfen, als auch immer mehr Therapeuten auf der Suche nach einem Verfahren, mit dem sie ihren Patienten schnell und effektiv helfen können.
Alle Psychotherapien leisten Bewusstseinsarbeit. Neben der Auflösung von belastenden Emotionen und Glaubenssätzen geht es dabei also stets auch um die Erweiterung des Bewusstseins. Was das im Einzelnen bedeutet, werden Sie in diesem Buch nach und nach erfahren. An dieser Stelle nur eine Bemerkung: Die Menschen nutzen immer die Mittel, die ihnen zur Verfügung stehen. Und auf dem Gebiet der Bewusstseinsarbeit ist MET derzeit eine der effizientesten und schnellsten Techniken.
Bisher vorliegende Methoden der Selbstbehandlung stießen immer wieder an bestimmte Grenzen. Mit MET lassen sie sich unserer Erfahrung nach überschreiten. Insofern werden Sie mit MET ein hochpotentes Selbstbehandlungsverfahren kennen und anzuwenden lernen, welches Ihr Leben mit Sicherheit bereichern wird. So-

fern Sie es regelmäßig in Ihren Tagesablauf integrieren, können Sie damit positive Veränderungen bewirken. Denn seit fünf Jahren klopfen wir fast täglich. Zugegeben, aufgrund unserer therapeutischen Ausbildung und Arbeit sind wir ein wenig vorbelastet. Sozusagen immer auf der Lauer nach Begrenzungen, die es zu überwinden gilt. Doch so richtig Spaß macht dieses Lauern und Auflösen erst, seit wir MET einsetzen. Was früher Leid war (wenn wir so an unsere eigenen Therapiestunden denken), ist heute Freud'. Denn mit MET ist es beispielsweise möglich, eine jahrelang belastende Angst vor Menschen in nur einer Behandlungsstunde aufzulösen, und zwar nachhaltig und vor allem dauerhaft.

In den Seminaren, die wir abhalten, haben wir die Lacher immer auf unserer Seite, wenn wir die Teilnehmer bitten, sich zu Demonstrationszwecken eine »kleine Angst« auszusuchen. Wenn dann etwa jemand sagt, bereits die Vorstellung, vor einer Gruppe zu sprechen, versetze ihn in Angst und Schrecken, und wir dann meinen, das sei nun aber wirklich ein winziges Problem, das wir in zehn Minuten auflösen, nun ja, dann glaubt das erst einmal keiner. Bis wir dann den Beweis geliefert haben. Auch die Leser unserer Bücher berichten immer wieder, dass sich ihr Leben allein durch einmaliges Beklopfen ihrer Ängste oder Schuldgefühle um 180 Grad gedreht habe. Stellen Sie sich vor, Sie werden jahrelang von Gewissensbissen gequält, weil Sie das Gefühl haben, keine gute Mutter gewesen zu sein. Können Sie sich ausma-

len, wie es sich anfühlt, von diesem Schuldgefühl endlich befreit zu sein – und das nach zehn Minuten?
Mit MET können Sie die vielfältigen belastenden Emotionen, die unser Menschenleben nun einmal unweigerlich begleiten, schnell, effizient und dauerhaft auflösen: Angst vor Menschen, Angst, auf die Straße zu gehen, Angst, vor Gruppen zu sprechen, Prüfungsangst, Existenzangst, jahrelanger Hass oder Ärger auf eine bestimmte Person, Schuldgefühle und so weiter, und so fort. All das ist mit MET möglich. Sie mögen jetzt noch skeptisch sein, und das ist Ihr gutes Recht und gar keine schlechte Ausgangsbasis. Aber wir können Ihnen versichern: Wenn Sie sich auf diesen Prozess einlassen, wird sich auch bei Ihnen so manche erstaunliche Veränderung einstellen.
In diesem Buch geht es nicht um die großen Weltprobleme, sondern um IHREN ALLTAG und seine großen oder kleinen Sorgen und Nöte. Wenn Sie sich genau an die Vorgaben halten, die wir im folgenden Kapitel eingehend erläutern, können Sie diese mit MET nach Franke® schnell, effektiv und dauerhaft auflösen.

Doch zunächst noch ein sehr herzliches Wort des Dankes an alle unsere Mitstreiter, die Leser(innen) unserer Bücher, Besucher unserer Seminare und Absolventen der verschiedenen Ausbildungsgänge, die wir anbieten. Ihnen allen ist es zu verdanken, dass sich die von uns entwickelte Methode zu einem immer größer werdenden Netzwerk entwickelt hat, in dem wir uns gegenseitig Anregungen geben, uns unterstützen und so ständig zu neuen Erkenntnissen kommen, von denen wir alle profitieren. Daher übernehmen wir beide zwar natürlich die vollständige Verantwortung für jeden Satz in diesem Buch – doch ohne die vielen Erfahrungen, die wir mit Klientinnen, Klienten und Anwender(innen) von MET nach Franke® teilen durften, hätte es nie so praxisnah werden können.

Wie Sie vorgehen

Wer sich mit MET ein Leben voller Kraft und Zuversicht erklopfen möchte, ist äußerst gut beraten, die beiden folgenden Übungen zu einem festen Bestandteil seines Tagesablaufs zu machen: die Atemgleichgewichtsübung für innere Zentriertheit und zum Ankurbeln des Energieflusses in den Meridianen das Thymusklopfen nach John Diamond. Durchführen können Sie diese beiden kurzen Übungen, wann immer Sie Lust haben: morgens, mittags, abends, zwischendurch. Wichtig ist nur, dass sie zu Ihrem täglichen Begleiter werden.

Die Atemgleichgewichtsübung

Auf seiner gesamten Oberfläche besitzt unser Körper eine Plus-Minus-Polarität. Bei vielen Menschen ist diese Körperpolarität vertauscht, was zur Folge haben kann, dass eine MET-Behandlung nicht greift. Mit dieser Übung stellen Sie das Gleichgewicht wieder her. Darüber hinaus bewirkt sie die Synchronisation Ihrer beiden Gehirnhälften.

Und so geht's:

- Setzen Sie sich bequem auf einen Stuhl.
- Strecken Sie die Beine aus und kreuzen Sie das linke Bein über das rechte.
- Strecken Sie die Arme aus und kreuzen Sie den rechten Arm über den linken.

∞ Drehen Sie den Handflächen zueinander, verschränken Sie die Finger und ziehen Sie die Arme derart gefaltet zum Brustbein.

∞ Atmen Sie ganz normal durch die Nase ein und durch den Mund aus.

∞ Drücken Sie jetzt beim Einatmen durch die Nase die Zunge leicht gegen den oberen Gaumen, so als würden Sie ein »L« bilden.

∞ Beim Ausatmen durch den Mund lassen Sie die Zunge wieder locker auf den Mundboden fallen und sprechen innerlich das Wort »Gleichgewicht« oder »Balance«. Die Augen können offen oder geschlossen sein.

Diese Übung nimmt etwa zwei Minuten in Anspruch.

Thymusklopfen

Die Thymusdrüse, die unter anderem für den Strom der Lebensenergie durch die Meridiane zuständig ist, liegt hinter dem Brustbein über dem Herzbeutel und ist bei der Geburt und im Kindesalter noch voll ausgebildet. Im Laufe des Lebens bildet sie sich zurück, bis sie in hohem Alter nur noch winzig klein ist. Den bahnbrechenden Forschungen Dr. John Diamonds haben wir die folgenreiche – und ausgesprochen erfreuliche – Erkenntnis zu verdanken, dass wir mit sanftem Beklopfen der Thymusdrüse das Meridiansystem harmonisieren und somit den Energiefluss und die Immunabwehr steigern können.

Ist die Thymusdrüse aktiv, so verfügen wir über viel Lebensenergie. Ist sie hingegen schwach, lässt die Vitalität nach. Dann fühlen wir uns kraftlos, entmutigt, werden krank.
Zur Aktivierung der Thymusdrüse beklopfen Sie das Brustbein circa sieben Zentimeter unterhalb der Halsgrube (siehe Abbildung 1 auf Seite 28) und wiederholen dabei, wenn Sie mögen, fünf- bis siebenmal den Satz:

»Ich liebe und glaube, vertraue, bin dankbar und mutig.«

Sie können die Thymusdrüse auch einfach so zwischendurch beklopfen, ohne Worte. Die Aktivierung der Thymusdrüse stärkt die Abwehrkräfte und die Lebensenergie, unterstützt den Lebenswillen und harmonisiert die Gefühlswelt.
Wahlweise können Sie auch folgende äußerst kraftvolle Affirmation, die die Erhöhung der Bewusstseinsebenen unterstützt, in die Thymusdrüse einklopfen:

»Vertrauen, Vergebung, Liebe, Freude und Frieden.«

Die eigentliche Selbstbehandlung mit MET besteht dann aus sechs Behandlungsschritten:

1. Das Thema benennen
2. Der Heilende Satz
3. Behandlungssatz und Beklopfen der 14 Behandlungspunkte

4. Handrückenserie
5. Überprüfung und eventuell Neubestimmung des Themas mit Beklopfen der Behandlungspunkte
6. Klopfen der Wahlsätze

Erster Schritt: Das Kind beim Namen nennen

Wie in der therapeutischen Behandlung, so besteht auch in der Selbstbehandlung die entscheidende Arbeit, die Sie zu leisten haben, darin, sich Ihres Problems und der Folgethemen, die sich daraus ergeben, bewusst zu werden. Für die meisten ist dies zugleich auch schon der schwierigste Teil. Warum? Nun, Sie müssen dabei Ihre Gefühle wahrnehmen, spüren und in Worte fassen. Für viele ist das schon die erste Hürde, denn häufig haben wir es nicht gelernt, unsere Gefühle zuzulassen, zur Kenntnis zu nehmen und zu ihnen zu stehen.
Bestimmten Kerngefühlen werden Sie in diesem Buch immer wieder begegnen: Ärger (sich genervt fühlen, sauer sein), Angst, Trauer, Resignation, Schuld- und Schamgefühle.
Hinzu kommen gewisse Glaubenssätze und Überzeugungen über das Leben oder bestimmte Lebensumstände. Der Mensch ist ja so angelegt, dass er aus Erfahrungen lernt. Und wer wiederholt Schicksalsschläge hinnehmen muss, wird allzu leicht zu der (verhängnisvollen) Überzeugung verleitet: »Das Leben ist nun ein-

mal grausam.« Seien Sie daher Ihren Glaubenssätzen gegenüber sehr wachsam. In den folgenden Kapiteln finden Sie themenspezifisch immer ganz konkrete Beispiele für Glaubenssätze, die Ihre Kraft beschneiden und Ihre Zuversicht trüben können. Seien Sie versichert, dass es davon mehr als genug gibt, dass jeder Einzelne von uns einer ganzen Menge huldigt und sie unbewusst zu seiner höchst privaten Lebensphilosophie zusammengesetzt hat. Soweit Sie sich Ihrer Glaubenssätze bewusst werden und meinen, dass diese Sie in Ihrer freien Entfaltung behindern, können Sie diese nach unserem Schema durch Beklopfen auflösen.

Im ersten und zweiten Schritt der Selbstbehandlung werden Sie sich also Ihrer Gefühle und Glaubenssätze bewusst. Sofern Sie meinen, diese könnten Sie in Ihrer freien Entfaltung behindern, lösen Sie sie klopfend auf.

Dazu gehört drittens, dass Sie sich bestimmter Umstände bewusst werden, die Ihr Leben belasten. Dabei kann es sich etwa um Scheidung, Trennung oder andere Verlusterfahrungen handeln. Wenn Sie merken, dass sich da noch belastende Gefühle melden, benennen Sie diese und beklopfen Sie sie. So haben Sie drei Hauptmerkmale, wie Sie sich Ihren Themen nähern können:

1. Sie fühlen etwas, das Sie belastet (wie Ärger oder Angst).
2. Sie nehmen wahr, dass Sie in Bezug auf ein bestimmtes Thema einem Glaubenssatz anhängen, der Sie einschränkt, zum Beispiel: »Das Leben ist hart und ungerecht.«

3. Gewisse Lebensumstände (wie etwa Scheidung oder Verlust des Arbeitsplatzes) rufen belastende Emotionen bei Ihnen hervor.

Sie sehen schon: Im Vordergrund steht immer, was Sie fühlen und wie Sie sich fühlen. Aus diesen Empfindungen entstehen die Themen, die Sie beklopfen. Insofern können Sie unsere Vorschläge gern aufgreifen und beklopfen. Sie sind aber auch auf dem richtigen Weg, sollten Sie die Sätze, die wir vorschlagen, umformulieren oder gar eigene bilden wollen. Dabei ist nur eines von entscheidender Bedeutung: »Ihr« Satz muss für Sie richtig klingen und Ihr Gefühl beziehungsweise Ihren Glaubenssatz genau ausdrücken.

Durch das Beklopfen wird dieses belastende Gefühl dann aufgelöst und in Entspannung, Ruhe und Frieden verwandelt.

Meistens ist es aber so, dass Sie ein Problem oder Gefühl beklopfen, und schon meldet sich das nächste Thema. Das geht manchmal schneller, als Sie klopfen können. Folgen Sie dann dem neuen Gefühl und beklopfen Sie dieses. So kann es zum Beispiel sein, dass Sie mit einer Wut anfangen, dann zu einer Trauer gelangen, die in ein Schuldgefühl mündet, Sie wieder eine Trauer spüren, dann enttäuscht sind, schließlich wieder eine andere Wut auf jemand anders spüren, danach wieder eine Trauer und dann erst kommen Sie in den Zustand von Frieden und Entspannung. Das ist eigentlich der Normalfall. Es kommt höchst selten vor, dass Sie ein Gefühl beklopfen, und dann ist gut. »Durch« sind Sie erst, wenn

Sie merken, dass keine emotionale Erregung mehr entsteht, wenn Sie an Ihr Ausgangsthema denken.
Prüfen Sie also unbedingt alle von uns vorgeschlagenen Behandlungssätze daraufhin, ob es die Ihrigen sind. Und fühlen Sie auch in sich hinein, ob bei Ihnen nicht vielleicht Themen im Vordergrund stehen, die wir gar nicht bedacht haben. Das ist gut möglich, denn bei diesen Sätzen handelt es sich um etwas sehr Individuelles. Fast könnte man sagen, es gibt so viele Behandlungssätze, wie es Menschen gibt – multipliziert mit den Beschwerden, die jeder Einzelne hat.
Woran Sie erkennen, dass es sich bei einer bestimmten Problematik um »Ihr Thema« handelt? Dafür gibt es ein ganz klares Merkmal: Sie fühlen sich von etwas ganz unmittelbar angesprochen. Wenn Sie also eines der Kapitel in diesem Buch durchlesen und bemerken, dass einer der darin vorgeschlagenen Sätze Sie emotional berührt oder dass Sie das beschriebene Gefühl *jetzt, in diesem Moment, genau so empfinden,* dann haben Sie den Satz gefunden, den Sie beklopfen sollten. Sätze, die Sie »kalt« lassen, sind dagegen in diesem Augenblick für Sie nicht von Bedeutung.

∞ Nehmen Sie in jedem Augenblick wahr, was genau Sie *jetzt* in Bezug auf ein Thema fühlen.

»Hilfe, ich kann nichts fühlen!«

Ihre Empfindungen beim Namen nennen – für viele wird es da schon schwierig. »Gefühle? Was ist das denn?

Hab ich nicht!« Bei manchen Menschen sind die Gefühle so gut weggepackt, dass sie kaum noch Zugang dazu finden. Warum? Nun, weil viele schon die Erfahrung gemacht haben, verletzt, enttäuscht, betrogen worden zu sein, wenn sie jemandem Gefühle entgegenbrachten, und das wollen sie auf gar keinen Fall noch einmal erleben. Gerade für Männer ist Gefühl ja häufig in erster Linie mit Verletzbarkeit und Schwäche verbunden. Aber da können wir Ihnen einen guten Tipp geben: Sie beklopfen als ersten Satz: »Ich kann nichts fühlen.«

»Und lieben tu ich mich schon gar nicht!«

Auch das ist kein Problem. Dann lautet Ihr erster Klopfsatz eben: »Ich liebe und akzeptiere mich so, wie ich bin.« Oder wenn Ihnen »liebe und akzeptiere« zu pathetisch ist, dann arbeiten Sie halt mit einem Satz wie: »… nehme ich mich so an, wie ich bin.« Dann würde Ihr Heilender Satz so klingen: »Obwohl ich diese Angst vor … habe, nehme ich mich so an, wie ich bin.«

Zweiter Schritt: Heilender Punkt – Heilender Satz

Der Heilende Punkt, auch Chapman-Punkt genannt, ist ein neurolymphatischer Reflexpunkt. Er liegt etwa zehn Zentimeter unterhalb des linken Schlüsselbeins über dem Herzen zwischen der zweiten und dritten Rippe (siehe Abbildung 1 auf Seite 28). Wenn Sie auf diesen Punkt, der ungefähr die Größe eines 2-Euro-Stückes hat, Druck ausüben, kann es sein, dass er schmerzt wie ein blauer Fleck. Dieser Punkt wird in der MET-Behandlung mit drei oder vier eng beieinander liegenden Fingern der rechten Hand mit kreisenden Bewegungen im Uhrzeigersinn leicht massiert, während dabei dreimal hintereinander laut der Heilende Satz ausgesprochen wird. Vielleicht haben Sie ja, um ein Beispiel zu nennen, Angst vor dem Autofahren, dann würde der Heilende Satz lauten:

»Obwohl ich diese Angst vor dem Autofahren habe, liebe und akzeptiere ich mich so, wie ich bin.«

Sie können den Heilenden Satz auch nach einem der folgenden Muster bilden:

»Obwohl ich diese Angst vor dem Autofahren habe, ***wähle ich, mich so zu lieben und zu akzeptieren, wie ich bin.«***

Oder

»Obwohl ich diese Angst vor dem Autofahren habe, ***wähle ich, mich so zu lieben und zu akzeptieren, wie mein Schöpfer mich schuf.«***

Oder

»Obwohl ich diese Angst vor dem Autofahren habe, ***wähle ich, mich so zu lieben und zu akzeptieren wie mein Schöpfer, als er mich schuf.«***

Somit haben Sie vier Möglichkeiten, Ihren Heilenden Satz ganz nach Ihrem Geschmack zu formulieren.

Sie fragen sich bestimmt, wieso Sie eigentlich einen so merkwürdigen Satz sagen sollen. Nun, das ist ganz leicht zu erklären:
Wir alle haben Probleme, aber wer gibt das schon gern zu. Manche Schwierigkeiten schieben wir so weit von uns weg, dass wir sie uns nicht einmal selbst eingestehen. Und so wird der Moment, in dem sie den »Obwohl-Teil« ihres Satzes äußern, für viele Menschen zu einer Art Premiere. Durch das bloße Aussprechen ihres Problems machen sie es dingfest. Die Wirkung dieses Schrittes ist nicht zu unterschätzen. Es ist ein Akt des Anerkennens, dass da etwas im Argen liegt.
Nachdem Sie Ihr Problem mit dem ersten Teil des Heilenden Satzes benannt und anerkannt haben, sagen Sie sich im zweiten Teil, dass Sie sich so lieben und akzeptieren, wie Sie sind. Das kann kaum jemand wirklich im Brustton der Überzeugung von sich behaupten, schon gar nicht, wenn er ein Problem oder eine Krankheit hat. In der Praxis erleben wir immer wieder, dass Menschen an dieser Stelle auf seltsame Weise berührt sind. Endlich gestatten sie es sich, ihren Zustand laut und deutlich zu benennen.

Machen Sie ruhig die Probe aufs Exempel. Sagen Sie: »Ich liebe und achte mich so, wie ich bin.« Wir möchten wetten, dass sich da Stimmen melden wie: »Hältst dich wohl für was ganz Besonderes?«, »Was soll an dir denn schon groß dran sein?«, »Hochmut kommt vor dem Fall«, »Eigenlob stinkt« oder Ähnliches. Ganz einfach ausgedrückt: Wir haben es nicht gelernt, uns zu lieben und zu achten. Und das kann verheerende Auswirkungen haben, denn mangelnde Selbstliebe ist eine der wichtigsten Krankheitsursachen überhaupt. Gerade die Älteren unter uns sind zu einer – wie sich zunehmend herausstellt – falschen Bescheidenheit erzogen worden, die ihrer Selbstentfaltung, aber auch ihrer Gesundheit arg im Wege steht.

Sie haben vielleicht schon einmal von den Forschungsergebnissen des japanischen Wissenschaftlers Masaru Emoto (u. a. *Die Botschaft des Wassers* und *Die Heilkraft des Wassers*) gehört, der empirisch nachweisen konnte, dass Wasser seine Kristallstruktur verändert, wenn es mit Worten wie »Liebe« oder »Hass« angesprochen wird. Auf die Kristallstruktur wirkt es sich auch aus, ob Sie das Wasser mit Musik von Mozart oder mit Heavy Metal beschallen. Worte wie »Liebe«, »Harmonie« oder »Frieden«, aber auch klassische Musik bewirken allerschönste Kristallstrukturen, während diese von Worten wie »Hass«, »Krieg« oder »Hitler« sowie von dissonanter Musik richtiggehend zerstört werden.

Da der menschliche Körper zu mehr als 80 Prozent aus Wasser besteht, kann man sich leicht vorstellen, wie es

um ein Kind bestellt sein mag, das tagtäglich zu hören bekommt, es sei dumm, minderwertig oder tauge nichts – von Schlägen ganz zu schweigen. Da geht nicht nur der Trägerstoff aller physiologischen Prozesse kaputt, das Wasser in seinem Körper, da zerbricht auch seine Seele. Und man muss leider davon ausgehen, dass sich in den meisten Menschen derart zerstörerische Informationen angesammelt haben. Wenn nun aber, so Emoto, die Schwingungen von Worten wie »Hass« oder »dumm« das Körper-Seele-Geist-Gefüge des Menschen ungünstig beeinflussen, müssen Worte wie »Liebe« und »Achtung« ja das Gegenteil bewirken: Heilung. (Und an Pflanzen konnte der Wissenschaftler es eindeutig nachweisen.)
Haben Sie jetzt eine Vorstellung von den Dimensionen dessen, was geschieht, wenn Sie sich versichern, dass Sie sich trotz Ihres Problems voll und ganz lieben und achten? In dem Moment kann Ihr Körper bis hinein in die kleinste Zelle, kann auch noch der verborgenste Winkel Ihrer Seele entspannt aufseufzen und Heilung zulassen.

Dritter Schritt: Behandlungssatz und Beklopfen der 14 Behandlungspunkte

Nachdem Sie nun das Sie belastende Problem konkret und für Sie stimmig in einem Heilenden Satz benannt haben, etwa, um bei unserem Beispiel zu bleiben: »Obwohl ich so viel Angst vor dem Autofahren habe, liebe

und akzeptiere ich mich so, wie ich bin«, beklopfen Sie im nächsten Schritt bestimmte Punkte auf Ihrem Körper und sprechen dabei Ihren so genannten Behandlungssatz aus: »Ich habe so große Angst vor dem Autofahren« oder »Meine große Angst vor dem Autofahren«. (In der Formulierung sind Sie hier nicht genau festgelegt. Sagen Sie den Satz einfach so, dass er Ihr Problem erfasst und sich für Sie richtig anhört und anfühlt.)
Dann beklopfen Sie jeden der Punkte (siehe die Abbildungen 1–3) leicht mit einer Frequenz von zwei bis drei Schlägen pro Sekunde etwa sieben- bis zehnmal mit dem Zeige- und/oder Mittelfinger. Das soll angenehm

Abb. 1

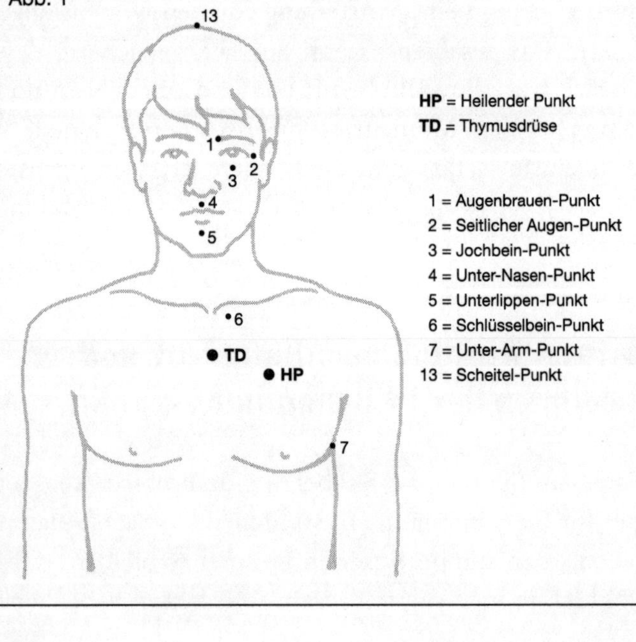

Abb. 2

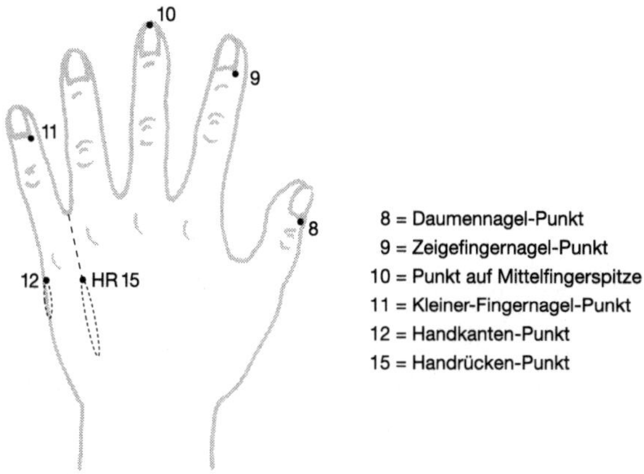

Abb. 3

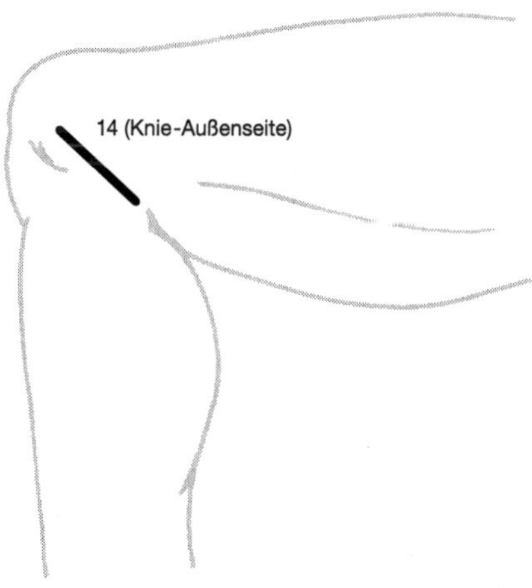

Die Klopfpunkte

sein und bloß nicht weh tun. Bei jedem Klopfpunkt sprechen Sie Ihren Behandlungssatz einmal laut aus. Also: »Meine große Angst vor dem Autofahren.

Sie beklopfen jetzt die folgenden Akupunkturpunkte:

1. Innere Augenbraue/Nasenwurzel (Blasenmeridian)
2. Äußerer Augenwinkel (Gallenblasenmeridian)
3. Unter dem Auge (Magenmeridian)
4. über Oberlippe (Lenkergefäß)
5. unter Unterlippe (Konzeptionsgefäß)
6. Etwa zwei Zentimeter unter dem Schlüsselbeingelenk (Nierenmeridian)
7. Unter dem Arm (Milz-Pankreas-Meridian)
8. Daumen (Lungenmeridian)
9. Zeigefinger (Dickdarmmeridian)
10. Kuppe des Mittelfingers (Kreislauf-Sexus-Meridian)
11. Kleiner Finger (Herzmeridian)
12. Handkantenpunkt (Dünndarmmeridian)
13. Auf dem höchsten Punkt des Kopfes auf dem Scheitel (Lenkergefäß)
14. Klopfen der beiden seitlichen Außenkniepunkte mit allen vier Fingern beider Hände.

Vierter Schritt: Handrückenserie

Bei der Handrückenserie wird ein weiterer wichtiger Meridianpunkt, Punkt 15, beklopft. Dieser Punkt (siehe Abbildung 2 auf Seite 29) heißt in der chinesischen Akupunkturlehre Dreifacher Erwärmer und ist der Schilddrüse zugeordnet. Über ihn hat man nochmals Verbindung zu allen anderen Meridianen. Durch das Beklopfen dieses Punktes mit den entsprechenden Übungen kommt es oftmals zu einer weiteren Reduzierung des belastenden Gefühls. Im Rhythmus von drei bis vier Schlägen pro Sekunde beklopfen Sie den Handrückenpunkt (zwischen kleinem und Ringfinger) bei jedem Übungsteil etwa sieben- bis zehnmal. Dabei denken Sie an Ihr Problem (beispielsweise die Angst, Auto zu fahren) und führen folgende Übungen durch:

- Augen schließen
- Augen öffnen
- Ohne Kopfbewegung scharf nach unten rechts schauen
- Ohne Kopfbewegung scharf nach unten links schauen
- Die Augen zweimal langsam in eine Richtung kreisen lassen
- Die Augen jetzt zweimal in entgegengesetzter Richtung kreisen lassen
- Dann wieder geradeaus schauen und irgendeine Melodie summen.
- Schnell zählen (z. B. von 100 auf 95)
- Wieder irgendeine Melodie summen.

Durch das Stimulieren des Handrückenpunktes in Verbindung mit den Augenbewegungen werden auch etwaige Restbelastungen noch aufgelöst. Durch das Summen/Zählen/Summen kommt es zum Ausgleich von rechter und linker Gehirnhälfte.

Fünfter Schritt: Überprüfung und eventuell Neubestimmung des Themas mit Beklopfen der 14 Behandlungspunkte

Nachdem Sie Ihre anfängliche Angst beklopft haben, kann es sein, dass diese noch nicht ganz verschwunden ist, sondern noch ein (deutlich geringerer) Rest übrig bleibt. Sie beklopfen dann wiederum die 14 Behandlungspunkte und sprechen dabei den Behandlungssatz: »meine restliche Angst vor dem Autofahren«.
Sollte hingegen die Ausgangsangst beziehungsweise das Anfangsgefühl komplett aufgelöst sein, jedoch ein neues Gefühl (wie vielleicht Angst vor den Lastwagen auf der Autobahn) spürbar sein, dann verfahren Sie in Bezug auf dieses neue Gefühl nach den Schritten zwei bis vier.
Sollten Sie in Bezug auf das anfängliche belastende Gefühl ganz auf null sein und sich auch keine weiteren belastenden Gefühle melden, können Sie zu Schritt sechs übergehen.

Sechster Schritt: Wahlsätze

Von Affirmationen und positivem Denken haben Sie bestimmt schon gehört. Der Markt ist ja voll mit Büchern zu diesem Thema. Auch wir beide haben bereits vor zwanzig Jahren begonnen, fleißig zu affirmieren und positiv zu denken. Die Erklärungen hatten uns überzeugt. Und es ist sicherlich auch etwas dran. Ausgangspunkt ist ja die Tatsache, dass alles, was wir denken, früher oder später eintritt. Nur, dass es leider nicht immer so klappt, wie man es sich vorgestellt hat. Sie kennen das doch auch: Da sind Sie so mitten im lupenreinsten positiven Denken, »Alles wird gut«, »Ich bin wahnsinnig erfolgreich«, »Meine Attraktivität wird mit jedem Tag größer und umwerfender« ... und trotzdem lauert da irgendwo so ein kleines Teufelchen, das gewichtige Gegenargumente vorbringt, warum das, was Sie sich da so schön zurechtgelegt haben, ja nun doch nicht geht. Es scheint da irgendwelche Teile in uns zu geben, die hartnäckig gegenhalten und sich schlichtweg weigern, unsere guten Absichten wahr werden zu lassen. Hunderte von Malen am Tag bimsen Sie sich ein: »Ich bin eine attraktive Frau.« Oder: »Ich bin ein erfolgreicher Mann.« Aber das Empfinden dafür will sich nicht recht einstellen. Im Gegenteil, da werden Stimmen laut wie: »Wie soll denn das gehen, mit dem Hängebauch!« oder »Keine Chance, du bist eine Null und bleibst eine Null.« Genau deshalb funktioniert das mit dem Affirmieren so selten: Es gibt einfach zu viele Gegenstimmen in uns, zu viel unterschwelligen Widerstand.

Mit MET geht's!

Genau hier setzt MET an. Nachdem Sie sich auf den METhodischen Weg des Dingfestmachens und Beklopfens Ihrer belastenden Empfindungen, Glaubenssätze und Lebensumstände begeben und ihn bis zum schönen Ende durchschritten haben, sind Sie frei, Ihr Sein neu zu bestimmen. Und dazu dienen die Wahlsätze, die immer von einer Bewusstseinsebene der Freiheit kommen. Überlegen Sie sich einmal, wie oft Sie täglich eine Wahl treffen, ohne sich dessen bewusst zu sein. Sie wählen, aufzustehen oder im Bett zu bleiben. Sie wählen, sich am Waschbecken zu waschen oder zu duschen. Sie wählen, Kaffee zu trinken statt Tee oder Kakao. Sie wählen, welchen Radiosender Sie hören oder welchen Fernsehkanal Sie sehen. Sie wählen, welche Nahrungsmittel Sie zu sich nehmen und welche Kleidung Sie tragen. Machen Sie sich klar, dass Sie jederzeit eine neue Wahl treffen können. Und das gilt für alles. Wenn Sie also Ihre belastenden Gefühle aufgelöst haben, können Sie die Wahl treffen, wie Sie sich jetzt fühlen wollen. Es liegt immer in Ihrer Verantwortung. Wenn Sie anfangen, bewusst zu wählen, wie Sie sein möchten, wird sich Ihr Tun und Handeln wie von selbst daraus ergeben. Die von uns in jedem Kapitel genannten Wahlsätze sind Vorschläge, die Sie gern annehmen können, wenn sie Ihrem inneren Bild oder Empfinden entsprechen. Sollte beim Beklopfen eines von Ihnen gewählten Wahlsatzes sich innerer Widerstand in Form eines widerstrebenden Gefühls melden (das kann eine Angst sein, eine Trauer, eine Aggression ein Ärger oder dergleichen), dann beklopfen Sie erst dieses Gefühl, bevor Sie dann den Wahlsatz oder mehrere Wahlsätze in die Behandlungspunkte einklopfen.

Unser Geist ist eine enorme Schöpfungsmaschine, die wir im alltäglichen Leben noch viel zu selten bewusst, also gezielt einsetzen. Dabei beweist es jeder Architekt, jeder Künstler Tag für Tag aufs Neue: Erst ist die Idee da, die sich zu Gedanken formt. Diese werden ausgesprochen oder aufgeschrieben und dann in die materielle Welt getragen, entweder als Gebäude oder Haus im Falle des Architekten oder als Bild, Skulptur des Künstlers. Wenn Sie mit für Sie speziell geeigneten Wahlsätzen arbeiten, werden Sie aktiv und bekennen sich zu Ihrem persönlichen Schöpfertum, werden der Architekt Ihres Lebenshauses. Dazu wollen wir Sie mit diesem Buch ermuntern. Sie gehen in die Verantwortung, in die Handlung und nehmen Ihr Leben (wieder) in die eigene Hand. In diesem Wissen, dass jeder Mensch der Schöpfer seines eigenen Lebens ist, liegt übrigens auch der eigentliche Kern jeglicher Spiritualität.

Bewusstseinsebenen und morphische Felder

Haben Sie schon einmal einen Schwarm aus Tausenden von Vögeln beobachtet, wie er am Himmel seine Bahnen zieht? Und haben Sie sich schon einmal gefragt, warum es dabei zu keinen Kollisionen kommt? Warum all diese vielen Vögel wie auf Kommando nach links, nach rechts, nach oben, nach unten fliegen und sich gegenseitig keinen Schaden zufügen?

Mit Fragen dieser Art beschäftigt sich der englische Biologe und Buchautor Rupert Sheldrake. Vereinfacht ausgedrückt lautet seine Erklärung des mysteriösen Phänomens: Die Vögel kommunizieren über energetische Schwingungsfelder, so genannte morphische Felder. Dasselbe gilt für den Menschen in Bezug auf seine verschiedenen Gefühle und Gedanken. Diese Felder beschränken sich Sheldrakes Theorie zufolge nicht auf das Gehirn, sondern erstrecken sich über den Körper hinaus in die Umwelt und sind auch die Grundlage unserer Wahrnehmungen und Verhaltensweisen. Hinzu kommt, dass das menschliche Gehirn dieser Auffassung gemäß ein gigantischer Sender/Empfänger ist, vergleichbar einem Funkgerät. Je nachdem, wie dieses Funkgerät ausgerichtet ist, tritt es mit anderen Funkgeräten in Resonanz. Ändere ich die Peilung, verändern sich auch die Sender, zu denen ich in Beziehung stehe. Bin ich etwa in Resonanz mit dem Schwingungsfeld der Angst, also eher ein ängstlicher Typ, so ziehe ich alles in mein Leben, was meine Angst nährt. Durch meine eigene dadurch größer werdende Angst nähre ich wiederum das globale morphische oder Schwingungsfeld der Angst. Deshalb entwickeln furchtsame Menschen auch immer mehr Ängste. Denn ihr individuelles Schwingungsfeld Angst ist in Resonanz mit dem globalen Feld der Angst. Und beide schaukeln sich gegenseitig tüchtig hoch. Schauen Sie sich unsere Gesellschaft an: Angst, wo Sie auch hinschauen. Jeder zehnte Deutsche zum Beispiel hat Angst vor anderen Menschen! In Österreich haben 82 Prozent aller Jugendlichen Angst vor der Zukunft!

Wir unterscheiden zwischen niedrigen und höheren Schwingungs- beziehungsweise Bewusstseinsebenen. Bei den niedrig schwingenden handelt es sich um Scham, Schuldgefühle, Resignation, Trauer/Kummer, Angst, Wut/Ärger. Diese emotionalen Zustände sind der Nährboden, auf dem unsere Probleme entstehen. Wenn Sie diese niedrigen Schwingungen jedoch in höhere umwandeln, so treffen Sie auf Vertrauen, Vergebung, Liebe, Freude und Frieden – Zustände der Entspannung, Ruhe und der inneren Harmonie. Wenn Sie in einem derartigen Zustand sind, gibt es keine Probleme, keine Krankheiten mehr. Und der Magen beginnt erst wieder zu drücken, falls Sie sich erneut mit dem morphischen Feld der Angst verbinden.

Für uns alle heißt das konkret: Wenn ich mir meine Ängste bewahre, nähre ich damit das morphische Feld der Angst und gehe gleichzeitig in Resonanz mit immer neuen Ängsten. Hier ist das am Werk, was wir das Gesetz der Resonanz nennen. Und mehr noch als bei anderen Emotionen gilt für Angst die Regel: Ich ziehe genau das an, wovor ich Angst habe. Wenn Sie zum Beispiel ständig Angst haben, Ihren Job zu verlieren, wird genau das eintreten, denn Sie versorgen den geistig vorweggenommenen Zustand mit Energie, weil Sie durch Ihre Angst in Resonanz mit ihm gehen. Lösen Sie diese Angst auf und nähren Sie den erreichten Zustand des Vertrauens mit einem Wahlsatz, etwa: »Ich wähle, voller Zuversicht zu wissen, dass ich jederzeit die Arbeit bekomme, die ich möchte«, verbinden Sie sich dadurch mit einem anderen morphischen Feld, nämlich dem der Zuversicht und Kraft des Optimismus.

Hier liegt die Macht des Beklopfens belastender Zustände (wie Angst) und des anschließenden Beklopfens eines Wahlsatzes: Sie treten mit einem anderen morphischen Feld in Resonanz. Auf demselben Prinzip beruht der Heilende Satz. Indem Sie eindeutig die Erklärung abgeben: »Ich liebe und achte mich so, wie ich bin«, wechseln Sie vom bisherigen morphischen Feld des Leidens in das morphische Feld von Liebe und Akzeptanz über.

In diesem Sinne ist MET Bewusstseinsarbeit. Machen Sie sich also immer wieder klar, auf welcher Bewusstseinsebene Sie sich befinden (Angst, Schuld, Scham oder dergleichen). Und entscheiden Sie sich dann für die Richtung, die Sie einschlagen möchten, treffen Sie Ihre Wahl. Empfinden Sie Angst, so sind Sie mit dem Schwingungsfeld der Angst verbunden. Durch das Beklopfen löst sich diese Verbindung auf. Wenn Sie dann noch einen Wahlsatz in Ihre Behandlungspunkte einklopfen, wird die neue Bewusstseinsebene (etwa Entspannung und Frieden) genährt und Sie gehen mit diesem Feld in Resonanz.

Das klingt alles ein bisschen gewöhnungsbedürftig. Aber seien Sie versichert: Sobald Sie die ersten Erfolge erzielt haben, werden Sie spüren, was gemeint ist.

Wie es funktioniert

Anlässlich eines Seminars in Frankfurt/Main lernte Rainer bei einem gemeinsamen Abendessen den in München lebenden chinesischen Qigonglehrer Meister Li-Zhi-Chang kennen. Sie tauschten sich über ihre Arbeit aus. Nachdem Rainer erläutert hatte, was MET ist, erklärte Meister Li, das Beklopfen bestimmter Meridian- beziehungsweise Akupunkturpunkte sei schon seit 5 000 bis 6 000 Jahren bekannt. Bereits die alten Chinesen hätten um die Bedeutung der Meridiane gewusst. Nadeln gab es seinerzeit noch nicht, also massierten sie bestimmte Meridianpunkte und beklopften sie auch leicht mit den Fingerspitzen, um energetische Blockaden aufzulösen. Genau das tut man auch bei MET. Wir beklopfen 15 ausgewählte Meridianpunkte mit den Fingerspitzen und lösen damit energetische Blockaden auf.

Was aber sind energetische Blockaden? Man erkennt sie an ihren Auswirkungen, denn sie führen zu belastenden Gefühlen, äußern sich in einer körperlichen Symptomatik oder bestimmten Glaubenssätzen.

Im Prinzip kann jede unschöne Erfahrung körperlicher, seelischer oder geistiger Art, die ein Mensch macht, in seinem energetischen Gefüge (dem Meridiansystem) Blockaden verursachen. Und manchmal dauert es Jahre, bevor sie zu »Auffälligkeiten« (einschränkenden Empfindungen, Krankheitssymptomen) führen. Mit MET, und das ist das Faszinierende daran, ist es nun nicht mehr erforderlich, sich mittels einer langwierigen Psychotherapie mühsam zu den Ursachen der Energieblockade vorzukämpfen. Sondern diese selbst wird zum Ausgangspunkt der Behandlung und durch das Beklopfen mechanisch aufgelöst. Mit ihr das belastende Gefühl. Klingt einfach? Ist es auch – wie jede geniale Neuerung im Grunde ganz einfach ist.

Wie bereits angedeutet gesellt sich dem mechanischen Auflösen energetischer Blockaden die Veränderung der Bewusstseinsebene hinzu, auf der sich der »Patient« befindet. Lassen Sie uns noch einmal kurz zu unserem Beispiel von der Angst zurückkehren. Wer sich auf der Bewusstseinsebene der Angst befindet, ist ständig in Resonanz mit dem morphischen Feld = Schwingungsfeld der Angst. Durch das Beklopfen der Meridianpunkte nun wird die energetische Blockade, die zu diesem Gefühl geführt hat, behoben. In Verbindung mit dem Aussprechen der Heilenden Sätze und Behandlungssätze wird gleichzeitig eine andere, höhere Bewusstseinsebene erreicht; in diesem Fall klinkt man sich ein in das morphische Feld des Vertrauens, der Ruhe und Zuversicht.

Ein anderes Beispiel: Stellen Sie sich vor, Sie haben Ihr Radio auf den Sender XY eingestellt, der nichts als Angst sendet. Da Sie in Resonanz mit diesem Sender sind, empfangen und empfinden auch Sie Angst. (So, wie Sie vielleicht im Rhythmus eines im Radio gespielten Musikstückes mit dem Kopf wippen, ohne sich dessen recht bewusst zu werden.) Verändern Sie dann aber durch Beklopfen der Meridianpunkte Ihre Frequenz, so

empfangen Sie nicht mehr Sender XY, sondern beispielsweise die Station AB, bei der den ganzen Tag über Zuversicht auf dem Programm steht. Und wenn Sie ganz sicher sein wollen, dass Sie den Sender auch morgen noch völlig störungsfrei reinkriegen, steht Ihnen noch das Hilfsmittel der Wahlmöglichkeiten zur Verfügung, quasi als Antennenverstärker.
Und jetzt fangen Sie am besten an, frei nach dem Motto: Es gibt nichts Gutes, außer man tut es!
Die folgenden Kapitel sind so gegliedert, dass Sie am Anfang jeweils einen allgemein gehaltenen einleitenden Teil finden, in dem wir die Thematik aus unserer Sicht umreißen. Während Sie sich den durchlesen, achten Sie darauf, ob der Inhalt bei Ihnen Gefühle hochkommen lässt, und welche das gegebenenfalls sind. Wenn Sie mögen, können Sie sich Ihre Empfindungen auch schriftlich notieren. Wenn Sie später schon Routine haben, beklopfen Sie dieses Gefühl, soweit es belastend ist, nach dem im Folgenden skizzierten Schema sofort beim Lesen. Nach dem allgemeinen Teil schlagen wir Ihnen in jedem Kapitel dann auch Sätze und weit verbreitete Aussagen vor, die zum Beklopfen geeignet sind, sofern sie auf Sie zutreffen. Im Anschluss daran empfehlen wir Ihnen einige Wahlsätze, die sie dann in die 14 Behandlungspunkte einklopfen können.
Worum es uns in diesem Buch geht, ist, Sie dabei zu unterstützen, alle Anteile von sich herauszufinden, die verhindern, dass Sie jeden Tag auf dieser wunderschönen Erde voll und ganz genießen; herauszufinden, wel-

che Stimmen in Ihnen es sind, die Sie »runterziehen«. Spüren Sie immer wieder genau nach, wie Sie sich in Bezug auf das von uns beschriebene Thema fühlen. Das können nur Sie selbst wissen. Und genau das, was Sie spüren, ist dann Ihr Tagesthema.

Beispiel

Schritt 1: Thema benennen

Angenommen, Sie haben Angst vor jedem neuen Tag und spüren diese Angst jetzt auch.

Schritt 2: Heilender Satz

Den Heilenden Punkt reiben und dabei dreimal den folgenden Satz aussprechen: »Obwohl ich Angst vor jedem neuen Tag habe, liebe und zu akzeptiere ich mich so, wie ich bin.«

Schritt 3: Beklopfen der 14 Meridianpunkte

Während des Beklopfens der 14 Behandlungspunkte sprechen Sie pro Klopfpunkt einmal Ihren Behandlungssatz: »Meine Angst vor jedem neuen Tag« aus.

Schritt 4: Handrückenserie

Beklopfen des Handrückenpunktes (Punkt 15). Dabei denken Sie an Ihre Angst.

Schritt 5: Überprüfung und eventuell Neubestimmung des Problems

Die Schritte 3 und 4 wiederholen, wenn die Angst noch nicht auf null ist. Ihr Behandlungssatz heißt dann »Meine restliche Angst vor jedem neuen Tag«.

Sollte die Angst komplett verschwunden sein, dafür aber ein neues Gefühl auftauchen – was oft passiert –, beklopfen Sie dieses neue Gefühl (etwa: »Meine Angst zu versagen«).

Erst wenn keine Angst oder andere Gefühle mehr auftauchen und Sie in einem Zustand von Gelassenheit und Entspannung sind, gehen Sie über zu

Schritt 6: Wahlsatz oder Wahlsätze

Zunächst überlegen Sie sich einen Wahlsatz. Für unser Beispiel könnte ein Wahlsatz heißen: »Ich wähle, mich ab sofort voller Neugier auf jeden neuen Tag zu freuen.« Jetzt beklopfen Sie die 14 Behandlungspunkte und sprechen dabei pro Behandlungspunkt einmal Ihren Wahlsatz aus. Wenn Sie einen weiteren Wahlsatz beklopfen möchten, dann verfahren Sie wie zuvor beschrieben.

MET
für jeden Tag

Fit starten

Ist für Sie der Tag schon gelaufen, bevor er überhaupt begonnen hat? Sind Sie chronisch lustlos, fühlen sich schlapp, haben schlechte Laune und ist Ihnen schon alles zu viel, bevor Sie sich auch nur die Zähne geputzt haben?
Sie quälen sich aus dem Bett, schleppen sich ins Bad, nehmen die notwendigen Waschungen vor, dann mürrisch ein Frühstück, falls die Zeit noch reicht, und ab in den Straßenverkehr. Das kann ja heiter werden.
Aber überlegen Sie doch einmal: Der Wecker ist nicht schuld an Ihrem Fehlstart in den Tag. Ebenso wenig die Auto-, Bus- oder Bahnfahrt. Nicht einmal die Horrorschlagzeilen der Morgenzeitung können etwas dafür. Sie allein tragen die Verantwortung. Es liegt ganz in Ihrer Entscheidung, ob Sie lustlos und schlecht gelaunt in den Tag gehen wollen oder energiegeladen, optimistisch und voller Tatendrang. Zugegeben, der Vergleich mit dem halbvollen beziehungsweise halbleeren Glas ist schon ein bisschen abgenutzt. Er trifft aber doch immer wie-

der den Punkt: Alles ist eine Sache des Blickwinkels. Auch die Qualität des Tages, der vor Ihnen liegt, hängt entscheidend von der Haltung ab, die Sie dem Leben entgegenbringen. Denn es macht nun einmal, wie Sie bestimmt aus eigener Erfahrung wissen, einen erheblichen Unterschied, ob Sie mit Zuversicht an Ihre täglichen Verrichtungen herangehen oder mürrisch und übellaunig. Für den Verlauf der kommenden 24 Stunden sind Ihre Glaubenssätze und inneren Überzeugungen ausschlaggebend. Sie haben es selbst in der Hand.
Morgendliche Schlechtlaunigkeit ist kein Naturgesetz. Sie kommt auch nicht von ungefähr, sondern hat bestimmte Ursachen, die Ihnen allerdings höchstwahrscheinlich nicht bewusst sind. Mit unseren meridianenergetischen Praktiken kommen Sie ihnen aber ganz leicht auf die Schliche. Und vielleicht können dann auch Sie bald mit voller Überzeugung sagen: Morgenstund' hat Gold im Mund. Oder: Jedem Anfang wohnt ein Zauber inne.

Tipps nicht nur für Morgenmuffel

Wenn Sie im Moment aber noch jeden neuen Tag mit einer Parade Ihrer Kümmernisse nach der Melodie des Stimmungsliedes Guten Morgen, liebe Sorgen, seid ihr auch schon alle da? begrüßen, sind Sie ein idealer Fall für eine ordentliche Portion Morgen-MET.
Lassen Sie uns deshalb mit einem kleinen Experiment beginnen.
Sie liegen noch im Bett, der Wecker hat geklingelt, Sie

sollten das Aufstehen nun wirklich nicht länger hinausschieben. Sprechen Sie jetzt laut den Satz: »Ich freue mich auf diesen neuen Tag und auf alles, was er mir bringen wird.«

Können Sie es nun vor lauter Vorfreude kaum mehr erwarten, aus den Federn zu springen und Ihren Worten Taten folgen zu lassen? Nur zu, lassen Sie sich nicht aufhalten. Es macht nichts, wenn Sie diesen Abschnitt überspringen.

Wahrscheinlich haben Sie aber doch eher gedacht: Isses schon wieder so weit! So'n Mist! O Mann, schon wieder aufstehen! Das Klingeln des Weckers hat Sie schon völlig fertig gemacht. Und die Aussicht, aus der kuscheligen Wärme des Bettes vertrieben zu werden ... Na, lassen wir das.

Nicht maulen, klopfen! – Vorschläge für die ersten Minuten des Tages

Statt sich nun den Tag zu verderben, indem Sie ihn schon frustriert und sauer beginnen, können Sie hier und jetzt anfangen, sich mit MET zu beklopfen. Gehen Sie dabei vor, wie wir es im ersten Kapitel beschrieben haben.

- *Ihr erster Satz am Morgen*: »Obwohl ich so genervt bin, dass der Wecker schon wieder klingelt, liebe und akzeptiere ich mich so, wie ich bin.«

  Dann beklopfen Sie die Punkte und sprechen bei jedem Punkt den Behandlungssatz:
- »Ich bin so genervt, dass der Wecker schon wieder klingelt.«

❋ *Ihr zweiter Satz am Morgen:* »Obwohl ich genervt bin, dass ich schon wieder aufstehen muss, liebe und akzeptiere ich mich so, wie ich bin.«
Daraus entwickeln Sie Ihren Behandlungssatz:
❧ »Ich bin genervt, dass ich schon wieder aufstehen muss.«
❋ *Ihr dritter Satz am Morgen:* »Obwohl ich keine Lust habe, aus meinem warmen Bett aufzustehen, liebe und akzeptiere ich mich so, wie ich bin.«
❧ Ihr Behandlungssatz lautet jetzt: »Ich habe keine Lust, aus meinem warmen Bett aufzustehen.«
Andere Behandlungssätze könnten sein:
❧ »Ich mag nicht aufstehen.«
❧ »Ich habe null Bock aufzustehen.«
❧ »Ich habe auf gar nichts Lust.«

Wenn Sie andere Begrenzungen Ihres persönlichen Freiheitsgefühls empfinden, können Sie diese selbstverständlich ebenfalls klopfen.
Derart besänftigt werden Sie vielleicht feststellen, dass Sie dem neuen Tag jetzt schon fröhlicher gestimmt entgegensehen. Möglicherweise bekommen Sie auch Lust, sich noch einmal so richtig in die Federn zu kuscheln und die Wärme und Geborgenheit des Bettes von ganzem Herzen zu genießen. Tun Sie das!
Es will Ihnen trotzdem nicht gelingen? Dann versuchen Sie es mit dem folgenden Behandlungssatz: »Ich kann die Wärme und Geborgenheit meines Bettes nicht richtig genießen.«

Die erste Hürde haben Sie jetzt genommen. Vielleicht ist Ihnen jetzt schon bewusst, was sich hinter Ihrem morgendlichen Missmut verbirgt, welche Grundeinstellungen gegenüber dem Leben Ursache Ihrer Übellaunigkeit sind. Dabei handelt es sich im Grunde übrigens sehr häufig um eine oder mehrere Varianten aus dem Formenkreis der Angst, die sehr weit verbreitet sind, wie etwa Versagens- und Erwartungsangst.
Die gute Nachricht aber lautet: Mit MET können Sie Ihre bedrückenden Grundeinstellungen auflösen.

Was den Tag verdirbt

Wenn Sie eine der folgenden Einstellungen teilen, können Sie diese zunächst in einen Heilenden und dann in den entsprechenden Behandlungssatz verwandeln, um ihr ihre Wirkkraft zu entziehen:

»Das Leben ist hart und ungerecht.«

Heilender Satz: »Obwohl ich der Meinung (Überzeugung) bin, dass das Leben hart und ungerecht ist, liebe und akzeptiere ich mich so, wie ich bin.«

Behandlungssatz: »Meine Meinung/Überzeugung, dass das Leben hart und ungerecht ist.«

»Den Vogel, der am Morgen singt, holt am Abend die Katz'.«

Heilender Satz: »Obwohl ich der Meinung (Überzeugung) bin, dass den Vogel, der am Morgen singt, am Abend die Katz' holt, liebe und akzeptiere ich mich so, wie ich bin.«

❧ Behandlungssatz: »Meine Meinung/Überzeugung, dass den Vogel, der am Morgen singt, am Abend die Katz' holt.
»Jeder Tag ist ein Tag zu viel.«
❧ Heilender Satz: »Obwohl ich der Meinung (Überzeugung) bin, dass jeder Tag ein Tag zu viel ist, liebe und akzeptiere ich mich so, wie ich bin.«
❧ Behandlungssatz: »Meine Meinung/Überzeugung, dass jeder Tag ein Tag zu viel ist.« Oder: »Jeder Tag ein Tag zu viel.«

Auf diese Weise können Sie alle Einstellungen, Meinungen, Überzeugungen oder Glaubenssätze beklopfen, die Ihnen zu Bewusstsein kommen, und werden bald feststellen, dass sich die Macht, die diese Haltungen über Sie haben, verringert, bis sie schließlich ganz verschwindet. Das kann sehr schnell gehen. Häufig bedarf es nur einer einzigen Klopfrunde. Schärfen Sie Ihre Aufmerksamkeit für alle Veränderungen, die Sie bemerken.

Natürlich kann es auch sein, dass Sie sich am Vortag über Ihre Kollegen, Mitarbeiter, Ihre Ehefrau, Partnerin oder Ihre Kinder oder Nachbarn oder sonst wen geärgert haben. Dann lautet Ihr Heilender Satz:
❧ »Obwohl ich mich über (hier den Namen der betreffenden Person oder die Beschreibung der Situation einfügen) so geärgert habe, liebe und akzeptiere ich mich so, wie ich bin.«

- Behandlungssatz: »Mein Ärger über (hier den Namen der betreffenden Person oder die Beschreibung der Situation einfügen).
- Oder Ihr Heilender Satz lautet: »Obwohl ich so sauer/wütend auf (hier den Namen der betreffenden Person oder die Beschreibung der Situation einfügen), liebe und akzeptiere ich mich so, wie ich bin.«
- Der Behandlungssatz lautet dann: »Ich bin so sauer auf (hier den Namen der betreffenden Person oder die Beschreibung der Situation einfügen).

  Eine andere Beschränkung Ihrer Lebensfreude könnte darin bestehen, dass Sie Angst vor dem neuen Tag haben. Entsprechende Behandlungssätze wären:
- »Meine Angst vor dem neuen Tag.« Oder: »Meine Angst, was der neue Tag heute wieder Schreckliches bringt.«

Wenn Sie Ihr Haus derart entrümpelt haben, können Sie anfangen, sich eine Alternative in Ihre MET-Behandlungspunkte einzuklopfen. Dazu möchten wir Ihnen einige Wahlsätze vorschlagen.

»Ich wähle, ab sofort jeden Morgen zur rechten Zeit voller Freude aufzuwachen.«

»Ich wähle, jeden Tag voller Liebe und Dankbarkeit zu beginnen.«

»Ich wähle, jeden Morgen voller Energie und Tatendrang aufzustehen.«

»Ich wähle, ab sofort das Leben als Geschenk dankbar anzunehmen.«
»Ich wähle zu wissen, dass Freude und Fröhlichkeit der Sinn meines Lebens sind.«
»Ich wähle, ab sofort jeden Tag meines Lebens zu genießen.«
»Ich wähle, mich voller Neugier auf einen spannenden Tag zu freuen.«
»Ich wähle, mit (hier den Namen der betreffenden Person oder die Beschreibung der Situation einfügen) Frieden zu schließen.«
»Ich wähle, (hier den Namen der betreffenden Person oder die Beschreibung der Situation einfügen) voller Liebe zu begegnen.«

Bestimmt ging es Ihnen nach dem Beklopfen der belastenden Zustände schon deutlich besser. Eine weitere Stärkung Ihres Systems bewirken Sie mit den Wahlsätzen. Sie nähren mit ihnen noch einmal zusätzlich die Verbindung mit den entsprechenden morphischen Feldern. So beginnen Sie jeden Morgen voller Lebensfreude, Energie und Liebe.

Bewegung macht Spaß

Alle Achtung, Sie sind zu beneiden, so unbeschwert und vital, wie Sie wirken! Ihre Haut schimmert rosig, Ihre geistige Frische kann man nur bewundern. Kurzatmigkeit kennen Sie genau wie Depressionen nur vom Hörensagen. Sie strahlen enormes Selbstbewusstsein aus, Ihr Gang beeindruckt durch seinen Schwung und seine Geschmeidigkeit. Und Ihre Figur … Es ist nicht zu übersehen: Sie fühlen sich von Kopf bis Fuß wohl in Ihrer Haut.

Ihr Geheimnis: Sie sind viel in Bewegung, lassen das Auto stehen, wann immer es geht, und wissen: Sport ist Mord … aber nur, wenn man darauf verzichtet. – Oder kennen Sie etwa Leute, die ein Leben voller Kraft und Zuversicht führen und den lieben langen Tag zwischen Couch, Computer und Haustür (um dem Pizzaservice zu öffnen) verbringen?

Vielleicht besuchen Sie regelmäßig eines der vielen Fitnesscenter, die seit Jahren wie Pilze aus dem Boden schießen, vielleicht gehören Sie auch – und nicht nur

als Karteileiche – zu den 27 Millionen Mitgliedern des Deutschen Sportbundes. Vielleicht schwimmen oder joggen Sie dreimal die Woche, machen Yoga, Tai-Chi, Qigong – ganz, wie es Ihnen gefällt.
Ein Leben ohne regelmäßige sportliche Bewegung können Sie sich gar nicht vorstellen – in dieser Hinsicht sind Sie glücklicherweise Kind geblieben. Schließlich brauchen Sie Ihren Ausgleich und hören einfach auf die Signale Ihres Körpers – von den vielen tollen Nebeneffekten (siehe oben) einmal ganz abgesehen.

Es ist nie zu spät

Dass Bewegung der Entspannung dient, den Geist beruhigt, Herz und Kreislauf gesund und die Muskulatur leistungsfähig hält, ist uns natürlich allen bewusst. Und wir würden uns ja auch sehr gern entsprechend verhalten. Hätten wir da nur nicht so ein vertrautes Haustier neben uns auf dem Sofa sitzen, das keineswegs Gassi geführt werden möchte – und schon gar nicht im Lauftempo: unseren inneren Schweinehund. Und der behält eben letztlich häufig die Oberhand. Aber vielleicht sieht ja morgen die Welt schon ganz anders aus.
Wie ist es mit Ihnen? Machen Sie doch einfach einmal die Probe aufs Exempel. Sprechen Sie laut den folgenden Satz aus:

Ich liebe es, jeden Tag 15 Minuten Sport (Fitness, Aerobic, Yoga, Schwimmen, Gymnastik oder was auch immer) zu machen.

Wie fühlt sich das an? Löst dieser Satz große Begeisterung bei Ihnen aus? Oder denken Sie sich doch eher: Ach, das habe ich alles schon so oft versucht, aber es schläft dann ja doch immer wieder bald ein.
Ausreden, um sich nicht sportlich betätigen zu müssen, gibt es wie Sand am Meer. Auf der Hitliste der beliebtesten ganz weit oben stehen:
Ich habe keine Zeit.
Ich bin zu faul.
Das ist viel zu anstrengend.
Ich bin abends immer so schlapp, dass ich mich einfach nicht mehr aufraffen kann.
Ich weiß überhaupt nicht, welchen Sport ich machen könnte.
Das hat doch eh keinen Sinn.
Das halte ich sowieso nicht durch.

Mit MET können Sie diese Bewegungshemmer auflösen. Beklopfen Sie Ihre Punkte, und sprechen Sie dabei die Ausreden, die Ihnen am vertrautesten sind, laut aus. Es sind Ihre Behandlungssätze, denen Sie, wenn Sie möchten, jederzeit auch den entsprechenden Heilenden Satz voranstellen können.

»Ich habe keine Zeit, mich sportlich zu betätigen.«

Heilender Satz: »Obwohl ich keine Zeit habe, mich sportlich zu betätigen, liebe und akzeptiere ich mich so, wie ich bin.«

Behandlungssatz: »Ich habe keine Zeit, mich sportlich zu betätigen.«

»Ich bin zu faul, um Sport zu machen.«
❧ Heilender Satz: »Obwohl ich zu faul bin, liebe und akzeptiere ich mich so, wie ich bin.«
❧ Behandlungssatz: »Ich bin zu faul.«
»Das ist mir viel zu anstrengend.«
❧ Heilender Satz: »Obwohl mir das alles viel zu anstrengend ist, liebe und akzeptiere ich mich so, wie ich bin.«
❧ Behandlungssatz: »Meine Meinung, dass das alles viel zu anstrengend ist.«
»Ich bin abends immer so schlapp, dass ich mich nicht mehr aufraffen kann.«
❧ Heilender Satz: »Obwohl ich immer so schlapp bin und mich einfach nicht aufraffen kann, liebe und akzeptiere ich mich so, wie ich bin.«
❧ Behandlungssatz: »Ich bin immer so schlapp und kann mich nicht aufraffen.«
»Ich weiß überhaupt nicht, welchen Sport ich machen könnte.«
❧ Heilender Satz: »Obwohl ich überhaupt nicht weiß, welchen Sport ich machen könnte, liebe und akzeptiere ich mich so, wie ich bin.«
❧ Behandlungssatz: »Ich weiß überhaupt nicht, welchen Sport ich machen könnte.«
»Das hat doch eh alles keinen Sinn.«
❧ Heilender Satz: »Obwohl das alles eh keinen Sinn hat, liebe und akzeptiere ich mich so, wie ich bin.«
❧ Behandlungssatz: »Das hat doch eh alles keinen Sinn.«

»Mein Frust, weil ich doch nie bei der Stange bleibe.«

❀ Heilender Satz: »Obwohl ich frustriert bin, weil ich doch nie bei der Stange bleibe, liebe und akzeptiere ich mich so, wie ich bin.«

❀ Behandlungssatz: »Ich halte das sowieso nicht durch.«

So, jetzt hat Ihr Schweinefiffi sein Futter bekommen und Ihre inneren Widersacher sollten verstummt sein. Nun können Sie gleich anfangen, stärkende Wahlsätze in Ihre Meridianpunkte einzuklopfen. Hier ein paar Möglichkeiten:

»Ich wähle, ab sofort genügend Zeit zu haben, um mich sportlich zu betätigen.«

»Ich wähle, ab sofort total begeistert zu sein, wenn ich Sport treiben kann.«

»Ich wähle, ab sofort körperliche Bewegung als leicht und angenehm zu erleben.«

»Ich wähle, ab sofort nach Feierabend voller Energie eine Viertelstunde zu laufen.«

»Ich wähle, ab sofort zu wissen, welche Art von Bewegung meinem Körper gut tut.«

»Ich wähle, ab sofort zu erkennen, dass körperliche Bewegung einen tiefen Sinn hat.«

»Ich wähle, ab sofort die von mir gewählte Sportart regelmäßig und dauerhaft zum Wohle von Körper und Geist auszuüben.«

»Ich wähle, körperliche Bewegung als Kraftquell und Ausdruck meiner Lebensfreude und Kraft zu verstehen.«

Gesund essen

Dass neben Bewegung auch eine ausgewogene Ernährung zum A und O eines gesunden Lebensstils gehört, ist heute kein Geheimnis mehr. Der Mensch ist, was er isst, das wissen die meisten von uns. Anders ausgedrückt: Unsere körperliche Verfassung hängt in hohem Maße von den Nahrungsmitteln ab, die wir zu uns nehmen. Gesunde Ernährung ist »in aller Munde«, selbst in den Restaurants großer Kaufhausketten kann man sich das ganze Jahr über an frischem Obst und knackigem Gemüse satt essen. Das ist gewiss ein Fortschritt …

… dem die Essgewohnheiten vieler Menschen jedoch noch hinterherhinken. Ja, wir alle kennen die Lebensmittelpyramide, der zufolge wir viel Obst und Gemüse verzehren sollten, etwas weniger Getreideprodukte, wenig Milcherzeugnisse, noch weniger Fleisch, Wurst und Süßes. Und ja, wir wissen auch, dass unsere Nahrung fettarm, möglichst naturbelassen und abwechslungsreich sein sollte. Was nichts daran ändert, dass viele von uns dazu neigen, die Speisepyramide sozusagen auf den

Kopf zu stellen. Frisches Obst und Gemüse – eine Seltenheit auf dem Speiseplan. Stattdessen fetttriefende Pommes, Nudeln, Weißmehlprodukte, Schwein und Rind in rauen Mengen. Ganz abgesehen von all den Limonaden, Colas und anderen Softdrinks, die wir anstelle von frischem Wasser trinken und die uns viel zu viel Zucker zuführen. Der Konsum von Süßigkeiten aller Art, vor allem Schokolade, ist gigantisch, Kindern wird er geradezu antrainiert.

Es ist nicht zu leugnen, dass eine zunehmende Anzahl von Menschen versucht, sich »richtig« zu ernähren. Viele haben jedoch Probleme damit, sich dauerhaft umzustellen und auf »gesund« zu programmieren. Dafür gibt es eine ganze Reihe von Gründen. Zunächst einmal sind die Verlockungen von »Convenience Food« – Futter in Dosen, Tüten und Gläsern – natürlich nicht zu unterschätzen. Konserven aller Art machen satt, reichen geschmacklich dem unkultivierten Gaumen – dem, der nichts anderes gewöhnt ist – durchaus und haben, oberflächlich betrachtet, vor allem einen Vorteil: Sie sind bequem und schnell. In der Fabrik chemisch erzeugte Kost entspricht dem Zeitgeist. Sie füllt den Magen, hält aber Leib und Seele nicht zusammen – und spricht jeglicher Esskultur Hohn. So greifen denn viele zu Fünf-Minuten-Terrine & Co., statt ihre Mahlzeit liebevoll vorzubereiten und den Verzehr in aller Ruhe zu genießen.

Aber man muss auch zugeben, dass es dem Gesundheitsbewussten nicht gerade leicht gemacht wird.

Zwar gibt es heute, was wirklich toll ist, in unseren Breiten schon fast überall naturbelassene Lebensmittel zu kaufen. Aber der Rest ist Ideologie, muss man fast vermuten. Gemüse – besser roh oder gedünstet? Obst – nur bis zum Mittagessen? Brauner Zucker – auch nicht besser als weißer? Margarine (weil sie aus pflanzlichen Fetten besteht) oder doch lieber gute Butter in Maßen? Neue »Schulen der gesunden Ernährung« lösen einander in immer schnellerem Tempo ab. Wie soll sich da noch einer auskennen? Da wären einmal die Trennköstler, Anhänger der strengen Separierung von Kohlenhydraten und Eiweiß in einer Mahlzeit. Andere schwören der Gesundheit halber auf Rohkost. Neben den Vegetariern, die kein Fleisch essen, gibt es auch noch so genannte Veganer, die auf tierisches Eiweiß in jeder Form verzichten. Anhänger der Yoga-Ernährung streichen unter anderem scharfe Gewürze, Eier, Fleisch, Zwiebeln und Knoblauch von ihrem Speisezettel. Dann gibt es Blutgruppendiäten und Leute, die ausschließlich diejenigen Pflanzenbestandteile für bekömmlich halten, die nicht unter der Erde wachsen. Anderen gesundheitsorientierten Glaubensrichtungen zufolge soll man nach 18 Uhr überhaupt nichts mehr essen, schon gar kein Obst, weil das sonst angeblich im Darm gärt. Kurz: Die Verwirrung ist so groß wie das Angebot.

Ganz Tapfere quälen sich nacheinander durch sämtliche Ernährungsprogramme, um dann immer wieder hoffnungsfroh auf neue »Erkenntnisse« zu warten. Unter diesen Umständen ist es nicht schwer nachzuvollzie-

hen, dass viele Leute gleich ganz ihren ungesunden Gewohnheiten treu bleiben, essen, was sie schon immer gegessen haben, und kochen, wie sie schon immer gekocht haben.
Wie wir persönlich es mit der Ernährung halten, möchten Sie wissen? Nun, von Übertreibungen irgendeiner Art halten wir gar nichts. Daher käme für uns auch keinerlei Sektierertum an der Essensfront infrage. Wir essen viel Frisches, bevorzugen ungehärtete pflanzliche Fette, bereiten unsere Lebensmittel möglichst schonend zu und essen so abwechslungsreich, wie es geht. Vor allem essen wir, worauf wir Lust haben. Auf diese Weise bekommt der Körper alles, was er braucht, in ausreichenden Mengen.

Im Folgenden möchten wir Ihnen nun aufzeigen, wie Sie mit MET zu einer für Sie gesunden und Ihnen zuträglichen Ernährungsweise finden können.
Fertigen Sie dafür zunächst eine Liste aller Ihrer Ernährungs- und Essgewohnheiten an, mit denen Sie nicht zufrieden sind.
Dazu könnte beispielsweise gehören:
»Ich trinke zu wenig stilles Wasser.«
»Ich mag kein stilles Wasser.«
»Ich kriege stilles Wasser nicht runter.«
»Ich esse zu wenig Obst.«
»Ich esse zu viel Fleisch.«
»Ich esse zu viel Weißbrot.«
»Ich esse zu viel Schokolade/Süßigkeiten.«

»Ich esse zu viel Käse.«
»Ich esse zu viel Wurst.«
»Ich trinke zu viel Alkohol.«
»Ich esse zu viel Fastfood.«
»Ich schlinge das Essen immer runter.«
»Ich esse zu viel Tiefkühlkost/Fertiggerichte.«
»Ich esse zu viele Kartoffelchips.«
»Beim Fernsehen nach dem Abendessen nasche ich immer so viel.«
»Ich esse zu wenig Rohkost.«
»Ich esse zu viele Mehlspeisen.«

Und so weiter und so fort. Vielleicht finden Sie sich in unseren Beispielen wieder, vielleicht haben Sie auch andere Angewohnheiten, die Sie im Grunde gern abstellen würden. Hören Sie einfach genau in sich hinein. Wenn Ihnen noch mehr Sätze einfallen, nur zu, schreiben Sie diese auf.
Wenn Sie Ihre Ernährungsgewohnheiten konsequent durchleuchtet haben, können Sie aus Ihren Sätzen die entsprechenden Heilenden und Behandlungssätze bilden wie zum Beispiel:

»Ich trinke zu wenig stilles Wasser.«

Heilender Satz: »Obwohl ich zu wenig stilles Wasser trinke, liebe und akzeptiere ich mich so, wie ich bin.«

Behandlungssatz: »Ich trinke zu wenig stilles Wasser.«

»Ich mag kein stilles Wasser.«

❀ Heilender Satz: »Obwohl ich stilles Wasser nicht mag, liebe und akzeptiere ich mich so, wie ich bin.«

❧ Behandlungssatz: »Ich mag kein stilles Wasser.«

»Ich kriege kein stilles Wasser runter.«

❀ Heilender Satz: »Obwohl ich stilles Wasser nicht runterkriege, liebe und akzeptiere ich mich so, wie ich bin.«

❧ Behandlungssatz: »Ich kriege kein stilles Wasser runter.«

»Ich esse zu wenig Obst.«

❀ Heilender Satz: »Obwohl ich zu wenig Obst esse, liebe und akzeptiere ich mich so, wie ich bin.«

❧ Behandlungssatz: »Ich esse zu wenig Obst.«

»Ich esse zu viel Fleisch.«

❀ Heilender Satz: »Obwohl ich zu viel Fleisch esse, liebe und akzeptiere ich mich so, wie ich bin.«

❧ Behandlungssatz: »Ich esse zu viel Fleisch.«

»Ich trinke zu viel Alkohol.«

❀ Heilender Satz: »Obwohl ich zu viel Alkohol trinke, liebe und akzeptiere ich mich so, wie ich bin.«

❧ Behandlungssatz: »Ich trinke zu viel Alkohol.«

»Ich esse zu viel Fastfood.«

❀ Heilender Satz: »Obwohl ich zu viel Fastfood esse, liebe und akzeptiere ich mich so, wie ich bin.«

❧ Behandlungssatz: »Ich esse zu viel Fastfood.«

»Ich schlinge das Essen immer runter.«

❀ Heilender Satz: »Obwohl ich das Essen immer so runterschlinge, liebe und akzeptiere ich mich so, wie ich bin.«

❧ Behandlungssatz: »Ich schlinge das Essen immer so runter.«

»Ich esse zu viel Tiefkühlkost/Dosenkost/Fertiggerichte.«

❧ Heilender Satz: »Obwohl ich zu viele Tiefkühlkost (Dosenkost, Fertiggerichte) esse, liebe und akzeptiere ich mich so, wie ich bin.«

❧ Behandlungssatz: »Ich esse zu viele Tiefkühlkost (Dosenkost, Fertiggerichte).«

»Beim Fernsehen nach dem Abendessen nasche ich immer so viel.«

❧ Heilender Satz: »Obwohl ich beim Fernsehen nach dem Abendessen immer so viel nasche, liebe und akzeptiere ich mich so, wie ich bin.«

❧ Behandlungssatz: »Beim Fernsehen nach dem Abendessen nasche ich immer so viel.«

»Ich esse zu wenig Rohkost.«

❧ Heilender Satz: »Obwohl ich zu wenig Rohkost esse, liebe und akzeptiere ich mich so, wie ich bin.«

❧ Behandlungssatz: »Ich esse zu wenig Rohkost.«

»Ich mag kein Obst.«

❧ Heilender Satz: »Obwohl ich kein Obst mag, liebe und akzeptiere ich mich so, wie ich bin.«

❧ Behandlungssatz: »Ich mag kein Obst.«

»Ich esse zu viel Weißbrot.«

❧ Heilender Satz: »Obwohl ich zu viel Weißbrot esse, liebe und akzeptiere ich mich so, wie ich bin.«

❧ Behandlungssatz: »Ich esse zu viel Weißbrot.«

»Ich esse zu viel Schokolade/Süßigkeiten.«

❧ Heilender Satz: »Obwohl ich zu viel Schokolade/Süßigkeiten esse, liebe und akzeptiere ich mich so, wie ich bin.«
❧ Behandlungssatz: »Ich esse zu viel Schokolade/Süßigkeiten.«

Nach diesem Muster verfahren Sie auch mit den anderen Sätzen, die Sie sich noch notiert haben.
Nachdem Sie alle »negativen« Sätze beklopft haben, können Sie dazu übergehen, Wahlsätze in Ihre Meridianpunkte einzuklopfen.
»Ich wähle zu wissen, welche Nahrungsmittel mein Körper braucht.«
»Ich wähle zu wissen, welche Nahrungsmittel meinem Körper gut tun.«
»Ich wähle, genau die Lebensmittel zu mir zu nehmen, die für meinen Körper gut sind.«
»Ich wähle, darauf zu vertrauen, dass sich mein Körper genau die Nährstoffe holt, die er braucht.«
»Ich wähle, dass ich mich von Tag zu Tag gesünder ernähre.«
»Ich wähle, meine neuen Ernährungsgewohnheiten voller Freude und dauerhaft beizubehalten.«
»Ich wähle, auf die Weisheit meines Körpers zu vertrauen.«

Ihnen fallen weitere Wahlsätze ein, die Sie gerne in Ihre Klopfpunkte einklopfen würden? Lassen Sie Ihrer Phantasie freien Raum.

Lebensmittelunverträglichkeiten

Wenn Ihrem Wunsch nach gesunder Ernährung eine Allergie im Wege steht, können Sie auch diese mit MET auflösen. Wir haben damit sehr gute Erfahrungen gemacht. So hatte eine Seminarteilnehmerin zum Beispiel schon seit Jahren eine Apfelallergie, obwohl sie gerade diese Frucht besonders gern aß. Sie bekam aber bei jedem Kontakt der Mundschleimhaut mit einem Apfel ein schlimmes Brennen im gesamten Rachenraum und auf den Lippen. Im Seminar entwickelten wir zunächst gemeinsam den Heilenden Satz: »Obwohl ich diese Allergie gegen Äpfel habe, liebe und akzeptiere ich mich so, wie ich bin« und im Anschluss beklopfte sie ihren Behandlungssatz: »Meine Allergie gegen Äpfel.« Daraufhin verspürte sie plötzlich einen unwiderstehlichen Drang, in einen Apfel zu beißen, dem sie auch nachgab. Voller Überraschung stellte sie fest, dass sie nur noch ein leichtes Brennen auf den Lippen verspürte. Dieses Brennen beklopfte sie METhodisch mit dem Behandlungssatz: »Mein leichtes Brennen auf den Lippen.« Daraufhin verspeiste sie den kompletten Apfel, ohne auch nur die geringste allergische Reaktion zu zeigen. Die Apfelunverträglichkeit war aufgelöst und hat sich auch bis heute nicht wieder eingestellt.

Mögliche Allergien, die sie mit dem Behandlungssatz beklopfen können, sind etwa:
Allergien gegen bestimmte Obstsorten (Erdbeeren, Pflaumen, Äpfel, Zitrusfrüchte etc.)

Milcheiweißallergie
Allergie gegen Nüsse
Allergie gegen Weizenprodukte
Allergie gegen Gemüse (Möhren, Zwiebeln, Gurken etc.).

Sie fangen zunächst an, Ihre Allergie direkt zu beklopfen (»Meine Erdbeerallergie«). Dann schauen Sie, wie Sie sich mit Ihrer Allergie fühlen. Haben Sie Angst, das die Allergie auslösende Nahrungsmittel überhaupt zu sich zu nehmen? Haben Sie Angst vor den Symptomen? Sind Sie unglücklich? Traurig? Macht es Sie ärgerlich? Sind Sie verzweifelt? Fühlen Sie sich in Ihrer Freiheit durch die Allergie eingeschränkt? Klopfen Sie genau diese Gefühle:

Haben Sie Angst, dieses Nahrungsmittel zu sich zu nehmen?

❀ Heilender Satz: »Obwohl ich Angst habe, dieses Nahrungsmittel zu mir zu nehmen, liebe und akzeptiere ich mich so, wie ich bin.«

❀ Behandlungssatz: »Meine Angst, dieses Nahrungsmittel zu mir zu nehmen.«

Haben Sie Angst, die Symptome könnten sich erneut einstellen?

❀ Heilender Satz: »Obwohl ich Angst habe, dass die Symptome dann wieder ausbrechen, liebe und akzeptiere ich mich so, wie ich bin.«

❀ Behandlungssatz: »Meine Angst, dass die Symptome dann wieder ausbrechen.«

Macht die Allergie Sie sehr unglücklich?

⚘ Heilender Satz: »Obwohl ich so unglücklich über diese Allergie bin, liebe und akzeptiere ich mich so, wie ich bin.«

⚘ Behandlungssatz: »Ich bin so unglücklich über diese Allergie.«

Sind Sie traurig über die Allergie?

⚘ Heilender Satz: »Obwohl ich so traurig über meine Allergie bin, liebe und akzeptiere ich mich so, wie ich bin.«

⚘ Behandlungssatz: »Ich bin so traurig über meine Allergie.«

Ärgern Sie sich sehr darüber?

⚘ Heilender Satz: »Obwohl ich mich tierisch über diese Allergie ärgere, liebe und akzeptiere ich mich so, wie ich bin.«

⚘ Behandlungssatz: »Mein Ärger über diese Allergie.«

Sind Sie verzweifelt, dass Ihre Allergie partout nicht weggeht?

⚘ Heilender Satz: »Obwohl ich so verzweifelt bin, dass meine Allergie gar nicht weggeht, liebe und akzeptiere ich mich so, wie ich bin.«

⚘ Behandlungssatz: »Ich bin so verzweifelt, dass meine Allergie gar nicht weggeht.«

Wenn Sie jetzt das Bedürfnis verspüren, das betreffende Nahrungsmittel zu verzehren, so ist dies ein Hinweis darauf, dass sich die Allergie weitestgehend aufgelöst hat. Nehmen Sie zum Testen nur ein kleines Stück des Nahrungsmittels, auf das Sie bis dahin allergisch reagiert haben, zu sich. Beobachten Sie, was passiert, und klopfen Sie etwaige Restsymptome (Brennen, Jucken, Trockenheit im Hals oder dergleichen).

Wenn Sie dann wirklich alle belastenden Zustände im Zusammenhang mit Ihrer Allergie beklopft haben, klopfen Sie positive Wahlsätze ein. (Setzen Sie bitte entsprechend das Nahrungsmittel ein, gegen das Sie bisher allergisch waren.)

»Ich wähle, Äpfel zu lieben.«

»Ich wähle zu wissen, dass mir Äpfel gut tun.«

»Ich wähle, meinen Körper daran zu erinnern, dass Äpfel ein gesundes Nahrungsmittel sind.«

»Ich wähle, ganz verrückt nach Äpfeln zu sein.«

»Ich wähle zu wissen, dass Äpfel gesund sind.«

»Ich wähle, mit Äpfeln Freundschaft zu schließen.«

»Ich wähle, Äpfel als ein Geschenk des Himmels zu sehen.«

»Ich wähle, Äpfel zu genießen.«

Wohl bekomm's!

Erholsamer Schlaf – keine Selbstverständlichkeit

Über das Schöne in unserem Leben denken wir meistens erst nach, wenn eine Störung eintritt. Dass in unserem Körper ständig Aberhunderte biochemischer Prozesse gleichzeitig ablaufen, dass wir zufrieden sind, Arbeit, ein Dach über dem Kopf und reichlich zu essen haben, wem wäre es der Erwähnung wert. Wir halten es für selbstverständlich. Nicht anders verhält es sich mit dem Nachtschlaf. Erst wer einmal unter Schlaflosigkeit gelitten hat, weiß, wie quälend und zermürbend der unfreiwillige Verzicht auf nächtliche Erholung sein kann. In ihrer internationalen Klassifizierung von Krankheiten weist die Weltgesundheitsorganisation WHO daher nicht von ungefähr 88 verschiedene Schlafstörungen aus.

Wer Nacht für Nacht den Schlaf bekommt, den er benötigt, darf sich glücklich schätzen. Sein Körper und sein Geist finden in den Stunden zwischen Zubettgehen und

Wiederaufwachen Gelegenheit, sich zu regenerieren – eine wichtige Voraussetzung, um den nächsten Tag aktiv und energiegeladen angehen zu können. Und vielleicht bekommt er in der einen oder anderen Nacht als Sahnehäubchen obendrauf noch einen schönen Traum geschenkt.
So gut erforscht, wie man meinen sollte, ist der Schlaf noch gar nicht. Trotzdem, so viel ist klar: Im Spiel des labilen Gleichgewichts von Körper, Geist und Seele, Spannung, Anspannung, Aktivität und Ruhe, das unser Wohlbefinden konstituiert, gehört ungestörte Nachtruhe zu den Hauptakteuren.

MET bei Schlafstörungen

Kennen Sie das? Sie waren so müde, dass Sie vor dem Fernseher eingeschlafen sind. Irgendwann rappeln Sie sich noch einmal hoch, stellen den Apparat aus und schleppen sich ins Schlafzimmer. Aber kaum sind Sie im Bett, ist die Müdigkeit auch schon wie weggeblasen und Sie sind hellwach.
Dabei ist es doch schon spät. Aber der ersehnte Schlaf will und will sich nicht einstellen. Sie liegen im Bett, drehen sich von einer Seite auf die andere. Kein Schlaf. Schäfchen, die an Ihnen vorbeiziehen, sind nicht bereit, sich zählen zu lassen. Aber Gedanken stellen sich ein, reihenweise. Als ob sie den ganzen Tag darauf gewartet hätten, endlich einmal gedacht zu werden. In Ihrem Kopf fahren sie Karussell, spielen Ringelpietz mit Anfassen. Nicht zum Aushalten. Dabei brauchen Sie doch Ihren Schlaf. Morgen müssen Sie fit sein, im Büro stapeln

sich die Akten und die Betten sollten Sie auch abziehen. Aber heute Nachmittag, die Nachbarin, das war doch …

Ihre Verzweiflung nähert sich dem Höhepunkt, wenn sich eine Szene immer und immer wiederholt wie eine Platte, die sich nicht abstellen lässt. Was jetzt?

Schnäpschen und Schlaftablette? Lassen Sie's bleiben. Ist nicht gesund. Chemisch herbeigeführter Schlaf hält ohnehin nicht, was er verspricht. Morgen fühlen Sie sich wie gerädert, elend und müde.

Aufstehen und etwas Sinnvolles tun – lesen, Musik hören, vielleicht jetzt gleich die Betten neu beziehen? Wird von einigen Schlafforschern empfohlen.

Heiße Milch mit Honig? Einen Versuch ist dieses alte Hausmittel vielleicht wert.

Wir hätten dem Thema »Schlaf und Schlafstörungen« in diesem Buch aber nicht einen ganzen Abschnitt gewidmet, wenn wir nicht noch etwas Besseres wüssten: MET.

Als Erstes beobachten Sie genau, welche Empfindungen das unfreiwillige Wachbleiben bei Ihnen auslöst.

Sind Sie genervt, traurig oder verzweifelt, weil Sie nicht einschlafen können?

Dann bilden Sie folgende Heilende Sätze und Behandlungssätze:

- Heilender Satz: »Obwohl ich so genervt (traurig, verzweifelt) bin, weil ich nicht einschlafen kann, liebe und akzeptiere ich mich so, wie ich bin.«
- Behandlungssatz: »Ich bin so genervt (traurig, verzweifelt), weil ich nicht einschlafen kann.«

Oder steht die Angst im Vordergrund?

❧ Heilender Satz: »Obwohl ich Angst habe, nicht einschlafen zu können, liebe und akzeptiere ich mich so, wie ich bin.«

❧ Behandlungssatz: »Meine Angst, nicht einschlafen zu können.«

Befürchten Sie, nicht genug Schlaf zu bekommen?

❧ Heilender Satz: »Obwohl ich befürchte, nicht genug Schlaf zu bekommen, liebe und akzeptiere ich mich so, wie ich bin.«

❧ Behandlungssatz: »Ich befürchte, nicht genug Schlaf zu bekommen.«

Haben Sie Angst vor Einbrechern und können deshalb nicht einschlafen?

❧ Heilender Satz: »Obwohl ich Angst habe, dass nachts bei mir eingebrochen wird, wenn ich schlafe, liebe und akzeptiere ich mich so, wie ich bin.«

❧ Behandlungssatz: »Meine Angst, dass nachts bei mir eingebrochen wird, wenn ich schlafe.«

Haben Sie Angst, dass Sie nicht wieder aufwachen?

❧ Heilender Satz: »Obwohl ich Angst habe, nicht wieder aufzuwachen, liebe und akzeptiere ich mich so, wie ich bin.«

❧ Behandlungssatz: »Meine Angst, nicht wieder aufzuwachen.«

Sorgen Sie sich, dass ein Unglück geschehen könnte, während Sie schlafen?

❧ Heilender Satz: »Obwohl ich mir Sorgen mache, dass ein Unglück geschehen könnte, während ich schlafe, liebe und akzeptiere ich mich so, wie ich bin.«

Behandlungssatz: »Meine Sorge, dass ein Unglück geschehen könnte, während ich schlafe.«

Ist Ihre größte Angst, nicht durchschlafen zu können?

Heilender Satz: »Obwohl ich Angst habe, nicht durchschlafen zu können, liebe und akzeptiere ich mich so, wie ich bin.«

Behandlungssatz: »Meine Angst, nachts nicht durchschlafen zu können.«

Oder haben Sie Angst, morgen früh nicht ausgeschlafen zu sein?

Heilender Satz: »Obwohl ich Angst habe, morgen früh nicht ausgeschlafen zu sein, liebe und akzeptiere ich mich so, wie ich bin.«

Behandlungssatz: »Meine Angst, morgen früh nicht ausgeschlafen zu sein.«

Vielleicht lässt aber auch der vergangene Tag Sie nicht zur Ruhe kommen. Müssen Sie bestimmte Dinge, die Sie belasten, wieder und wieder durchdenken?

Heilender Satz: »Obwohl ich immer wieder an den Streit mit meinem Chef (meiner Ehefrau, meinem Ehemann) denken muss, liebe und akzeptiere ich mich so, wie ich bin.«

Behandlungssatz: »Ich muss immer wieder an den Streit mit meinem Chef (meiner Ehefrau, meinem Ehemann) denken.«

Werden Sie ständig von gewissen Gedanken gequält?

Heilender Satz: »Obwohl mich diese Gedanken so quälen, liebe und akzeptiere ich mich so, wie ich bin.«

Behandlungssatz: »Diese quälenden Gedanken.«

Wenn Sie auf diese Weise alle Hindernisse aus dem Weg geräumt haben, könnte es sein, dass sich schon jetzt der ersehnte Schlaf einstellt. Wollen Sie jedoch ganz auf Nummer sicher gehen, dann können Sie Ihre Entspannung mit folgenden Wahlsätzen noch vertiefen:

»Ich wähle, ruhig, entspannt und voller Vertrauen einzuschlafen.«

»Ich wähle zu wissen, dass sich mein Körper genau die Menge Schlaf holt, die er braucht.«

»Ich wähle zu wissen, dass mein Körper auch mit wenig Schlaf auskommt und morgen ausgeruht und fit ist.«

»Ich wähle zu wissen, dass mein Haus sicher und geschützt ist.«

»Ich wähle zu wissen, dass ich morgen Früh aufwachen werde.«

»Ich wähle zu wissen, dass ich nachts nur Glück und Freude anziehe.«

»Ich wähle, heute Nacht durchzuschlafen.«

»Ich wähle, morgen Früh ausgeruht und ausgeschlafen zu sein.«

»Ich wähle, mit meiner Frau (meinem Mann, meinem Chef) Frieden zu schließen.«

»Ich wähle, diese quälenden Gedanken loszulassen.«

»Ich wähle, erquickenden Schlaf zu finden.«

»Ich wähle, diese angenehme Leere in meinem Kopf willkommen zu heißen.«

In diesem Sinne: gute Nacht!

Körperliches Wohlgefühl

Gratuliere!
Sie haben wirklich allen Grund, stolz auf Ihren Körper zu sein. Er zeigt Ihnen die Welt mit Ihren eigenen Augen, ist ganz Ohr für Mozart und die Bitten Ihrer Kinder, er lässt Sie zurückweichen, wenn Gefahr droht, schenkt Ihnen die Süße der Honigmelone, trägt Sie, wohin immer Sie wollen, und unterscheidet Sie von jedem anderen Menschen auf der Welt.
Dies alles und bedeutend mehr kann und ist unser Körper: eine Heimstatt des Göttlichen, wie es in alten indischen Weisheitslehren heißt. Wir tun also gut daran, ihn zu hegen und zu pflegen.

Vielleicht gab es einmal Epochen, in denen die Menschen es dabei bewenden ließen, den Funken des Göttlichen in sich und den anderen erkannten und sich ihrer Leiber erfreuten.
Falls dem tatsächlich je so gewesen sein sollte (und es gibt Anlass, daran zu zweifeln, groß war der Wettbewerb

unter den Menschen wahrscheinlich schon immer), so gehören diese Zeiten – jedenfalls in der westlichen Welt – lange, lange der Vergangenheit an.
Heute scheinen wir dem Körperlichen mehr Bedeutung beizumessen denn je, meinen damit aber in aller Regel allein die äußere Hülle, denken, ganz wie in der Physik, nur in Maßen und Gewichten.
Unser Verhältnis zum eigenen Körper und dem von anderen ist spannungsreich geworden – um es vorsichtig auszudrücken –, und die Idealbilder in unseren Köpfen lassen wenig Spielraum. Kein Wunder: Die Zeiten werden härter und die Konkurrenz schläft nicht. Aussehen und Ansehen fallen zunehmend in eins. Und so geraten wir nur allzu leicht in die Falle, im Körper eine einzige Ansammlung von »Problemzonen« zu sehen, denen wir mit großer Unerbittlichkeit auf den Leib rücken. Wir »stylen« und »builden« unsere »Bodys«, was das Zeug hält, lassen Fett absaugen, Nasen richten und Falten unterspritzen, Busen nach Belieben vergrößern oder verkleinern, als hinge unser Seelenheil davon ab. Ein allmächtiger Machbarkeitswahn macht's möglich. Ungeachtet ernsthafter Gesundheitsgefährdungen.

Mit Gelassenheit und Liebe

Verstehen Sie uns bitte nicht falsch: Wir wollen kein Urteil fällen. Selbstverständlich kann und sollte jeder mit seinem Körper so umgehen, wie er oder sie es für richtig hält. Auch war die Kulturgeschichte der Menschheit zugleich immer eine Geschichte des »kleinen Schwindels« im Konkurrenzkampf um die Gunst des anderen Geschlechts. Schon Kleopatra badete bekanntlich in Eselsmilch, um ihre Haut schön und geschmeidig zu machen, und umrahmte sich die Augen mit Kohle.

Aber uns geht es um etwas ganz anderes: Bei allem Körperkult, der heutzutage getrieben wird, sieht es doch ganz so aus, als scheine uns die Liebe zu unserem Körper abhanden gekommen, als wären die Leute heute mit ihrem Erscheinungsbild unglücklicher denn je. Und das ist eigentlich schade, denn es zeigt, dass viele von uns permanent im Unfrieden mit ihrem Körper sind – und damit mit sich selbst. Was auf energetischer Ebene bedeutet, dass sie ihrem Körper immer wieder das Signal senden: So, wie du bist, bist du nicht in Ordnung. Und das ist auf Dauer ebenso schädlich wie lästig.

Anzustreben wäre unseres Erachtens ein bewussteres Verhältnis zum eigenen Körper. Und das heißt konkret: Bringen Sie sich selbst mehr Gelassenheit und Liebe entgegen. Stellen Sie sich vor den Spiegel – am besten nackt –, und schauen Sie sich an. Betrachten Sie die Harmonie Ihres Gesichts, die Schönheit Ihrer Gliedmaßen, die Individualität Ihrer Körperformen, die Spannkraft Ihrer Bewegungen.

Stellt sich bei diesem Anblick kein Behagen ein?

Analysieren Sie das Verhältnis, das Sie zu Ihrem Körper haben, so genau, wie es Ihnen möglich ist. Schreiben Sie alle Gefühle, Meinungen und Glaubenssätze, die Ihnen dazu einfallen, auf. Wir geben Ihnen zunächst ein paar

Anregungen. Wenn Ihnen andere Sätze in den Sinn kommen, fühlen Sie sich bitte frei, diese entsprechend den allgemeinen Vorgaben zu beklopfen.

Gefühle

Sie lehnen Ihren Körper ab?

❦ Heilender Satz: »Obwohl ich meinen Körper (Nase, Mund etc.) ablehne, liebe und akzeptiere ich mich so, wie ich bin.«

❧ Behandlungssatz: »Ich lehne meinen Körper (Nase, Mund etc.) ab.«

Sie hassen Ihren Körper?

❦ Heilender Satz: »Obwohl ich meinen Körper (meine Nase, meinen Mund etc.) hasse, liebe und akzeptiere ich mich so, wie ich bin.«

❧ Behandlungssatz: »Ich hasse meinen Körper (meine Nase, meinen Mund etc.).«

Sie sind traurig über Ihren Körper?

❦ Heilender Satz: »Obwohl ich traurig bin, dass mein Körper so dick/dünn ist, liebe und akzeptiere ich mich so, wie ich bin.«

❧ Behandlungssatz: »Ich bin traurig, dass mein Körper so dick/dünn ist.«

Sie mögen Ihren Körper nicht?

❦ Heilender Satz: »Obwohl ich meinen Körper (Nase, Mund etc.) nicht mag, liebe und akzeptiere ich mich so, wie ich bin.«

❧ Behandlungssatz: »Ich mag meinen Körper (meine Nase, meinen Mund etc.) nicht.«

Sie ärgern sich, dass Gott Ihnen so einen hässlichen Körper gegeben hat?

❀ Heilender Satz: »Obwohl ich mich ärgere, dass Gott mir so einen hässlichen Körper (Nase, Mund, Busen etc.) gegeben hat, liebe und akzeptiere ich mich so, wie ich bin.«

✿ Behandlungssatz: »Ich ärgere mich, dass Gott mir so einen hässlichen Körper (Nase, Mund, Busen etc.) gegeben hat.«

Sie ärgern sich, dass andere Menschen schöner sind als Sie?

❀ Heilender Satz: »Obwohl ich mich ärgere, dass andere Menschen viel schöner sind als ich, liebe und akzeptiere ich mich so, wie ich bin.«

✿ Behandlungssatz: »Ich ärgere mich, dass andere Menschen viel schöner sind als ich.«

Sie sind neidisch auf den Körper anderer Menschen?

❀ Heilender Satz: »Obwohl ich neidisch bin auf den Körper von ..., liebe und akzeptiere ich mich so, wie ich bin.«

✿ Behandlungssatz: »Ich bin neidisch auf den Körper von ...«

Sie schämen sich für Ihren Körper?

❀ Heilender Satz: »Obwohl ich mich für meinen Körper schäme, liebe und akzeptiere ich mich so, wie ich bin.«

✿ Behandlungssatz: »Ich schäme mich für meinen Körper.«

Sie schämen sich für bestimmte Körperteile?

⚘ Heilender Satz: »Obwohl ich mich schäme, dass mein Bauch (Po) so dick ist, liebe und akzeptiere ich mich so, wie ich bin.«

⚘ Behandlungssatz: »Ich schäme mich, dass mein Bauch (Po) so dick ist.«

Sie schämen sich, dass Sie so mager sind?

⚘ Heilender Satz: »Obwohl ich mich schäme, dass ich so mager bin, liebe und akzeptiere ich mich so, wie ich bin.«

⚘ Behandlungssatz: »Ich schäme mich, dass ich so mager bin.«

Sie möchten nicht in Ihrem Körper sein?

⚘ Heilender Satz: »Obwohl ich nicht in meinem Körper sein möchte, liebe und akzeptiere ich mich so, wie ich bin.«

⚘ Behandlungssatz: »Ich möchte nicht in meinem Körper sein.«

Sie fühlen sich schuldig, dass Ihr Körper Bedürfnisse hat?

⚘ Heilender Satz: »Obwohl ich mich schuldig fühle, dass mein Körper Bedürfnisse hat, liebe und akzeptiere ich mich so, wie ich bin.«

⚘ Behandlungssatz: »Ich fühle mich schuldig, dass mein Körper Bedürfnisse hat.«

Sie haben Angst vor den Bedürfnissen Ihres Körpers?

⚘ Heilender Satz: »Obwohl ich Angst vor den Bedürfnissen meines Körpers habe, liebe und akzeptiere ich mich so, wie ich bin.«

⚘ Behandlungssatz: »Ich habe Angst vor den Bedürfnissen meines Körpers.«

Sie ekeln sich vor Ihrem Körper?

❦ Heilender Satz: »Obwohl ich mich vor meinem Körper ekle, liebe und akzeptiere ich mich so, wie ich bin.«

❦ Behandlungssatz: »Ich ekle mich vor meinem Körper.«

Glaubenssätze und Überzeugungen

Sie glauben, dass Ihr Körper schmutzig (sündig) ist?

❦ Heilender Satz: »Obwohl ich glaube, dass mein Körper schmutzig (sündig) ist, liebe und akzeptiere ich mich so, wie ich bin.«

❦ Behandlungssatz: »Mein Körper ist schmutzig (sündig).«

Sie empfinden Ihren Körper als Last?

❦ Heilender Satz: »Obwohl mein Körper eine Last für mich ist, liebe und akzeptiere ich mich so, wie ich bin.«

❦ Behandlungssatz: »Mein Körper ist eine Last für mich.«

Sie finden, dass Ihr Körper nicht zu Ihnen gehört?

❦ Heilender Satz: »Obwohl mein Körper nicht zu mir gehört, liebe und akzeptiere ich mich so, wie ich bin.«

❦ Behandlungssatz: »Mein Körper gehört nicht zu mir.«

Sie glauben, dass Sie Ihren Körper nicht so annehmen können, wie er ist?

❦ Heilender Satz: »Obwohl ich glaube, dass ich

meinen Körper nicht so annehmen kann, wie er ist, liebe und akzeptiere ich mich so, wie ich bin.«

Behandlungssatz: »Ich glaube, dass ich meinen Körper nicht so annehmen kann, wie er ist.«

Sie sind überzeugt, dass man seinen Körper bestrafen muss?

Heilender Satz: »Obwohl ich überzeugt bin, dass man seinen Körper bestrafen muss, liebe und akzeptiere ich mich so, wie ich bin.«

Behandlungssatz: »Ich bin überzeugt, dass man seinen Körper bestrafen muss.«

Wenn Sie all diese Gefühle und Meinungen Ihren Körper betreffend beklopft und somit aufgelöst haben, können Sie den Frieden, den Sie mit Ihrem Körper geschlossen haben, mit entsprechenden Wahlsätzen zusätzlich festigen.

»Ich wähle, meinen Körper in seiner ganzen Schönheit wahrzunehmen und zu lieben.«

»Ich wähle, ab sofort meinen Körper so zu lieben, wie er ist.«

»Ich wähle, ab sofort zu erkennen, dass mein Körper als Wohnung des Göttlichen dient.«

»Ich wähle, ab sofort zu sehen, dass auch mein Körper seine eigene Schönheit hat.«

»Ich wähle, meinen Körper ab sofort so zu bewundern wie den Körper von …«

»Ich wähle, ab sofort anzufangen, meinen Körper wertzuschätzen und zu bewundern.«

»Ich wähle, mit der Form meines Körpers ab sofort voll und ganz einverstanden zu sein.«
»Ich wähle, ab sofort eine liebevolle Beziehung zu meinem Körper aufzubauen.«
»Ich wähle, ab sofort die Bedürfnisse meines Körpers zu genießen.«
»Ich wähle, ab sofort auf meinen Körper zu vertrauen.«
»Ich wähle, ab sofort zu wissen, dass mein Körper rein und göttlich ist.«
»Ich wähle, ab sofort von der Leichtigkeit meines Körpers angenehm überrascht zu sein.«
»Ich wähle, meinen Körper ab sofort als mein wohliges Zuhause zu akzeptieren.«
»Ich wähle, meinen Körper ab sofort so zu lieben, wie er ist.«
»Ich wähle, meinen Körper ab sofort mit den Augen der Liebe zu sehen.«

Unser wunderbares Frühwarnsystem

Das Gefüge aus Körper, Geist und Seele, das wir den Menschen nennen, ist ein Wunderwerk – zum Niederknien. In unserer Praxis haben wir Tag für Tag Gelegenheit, uns von seiner Komplexität zu überzeugen, und unsere Demut wird immer größer. So haben wir im Laufe der Zeit auch die Maläsen des Alltags zu schätzen gelernt, den kleinen Schnupfen, die unerklärliche Müdigkeit, den Druck auf dem Magen, das leichte Ziehen im Nacken, all jene Zipperlein also, die man immer gern schnell und ohne großes Federlesen kuriert hätte.

Dabei sollten wir glücklich sein, dass es sie gibt. Denn diese kleinen Befindlichkeitsstörungen, die uns so ärgern, sind Gesprächsangebote unseres inneren Menschen – wenn auch in einer Sprache, die wir schon lange verlernt zu haben scheinen. »Ihm sitzt die Angst im Nacken«, »Ihr schlägt der Ärger auf den Magen«, »Was ist dir denn über die Leber gelaufen?« »Es ging ihm so an die Nieren«, »Da hat er kalte Füße bekommen« – alles Vokabeln aus dem uralten Wörterbuch unseres Körper-Geistes. Freuen wir uns also über alle »physiologisch-funktionellen Störungen«, wie die Mediziner unsere kleinen Zipperlein nennen, denn es sind Signale eines Frühwarnsystems, das uns vor Schlimmerem bewahren möchte.

Körperliche Beschwerden, und seien sie auch noch so geringfügig, sind unserer Erfahrung nach immer ein Hinweis darauf, dass das emotionale Gleichgewicht durcheinander geraten ist. Sei es, dass man Sorgen hat, sei es, dass man sich ängstigt, sei es, dass man überlastet ist, sei es, dass man ärgerlich auf jemanden ist. (»Ich habe so einen Hals, wenn ich an den denke!«) In allen diesen Fällen machen nicht gelöste belastende Emotionen – Wut, Ärger, Trauer, Empörung, Entrüstung, Enttäuschung, Schuldgefühle, Empfindungen von Überlastung oder Unterforderung – durch körperliches Unwohlsein auf sich aufmerksam.

Nehmen Sie diese Signale ernst und betrachten Sie sie als Anzeichen dafür, dass sich etwas in Ihrem geistig-emotionalen Haushalt im Ungleichgewicht befindet.

Und befolgen Sie auch die guten Ratschläge Ihrer Großmutter, die Sie als Kind immer so genervt haben. Gehen Sie im Winter nicht mit frisch gewaschenen Haaren aus dem Haus. Denn Sie wissen ja: Ein kalter Luftzug, und schon haben Sie Kopfschmerzen. Wenn Sie sich zu dünn anziehen, riskieren Sie eine Erkältung. Und immer hübsch die Nieren warm halten – sonst droht

(vor allem Frauen) eine Blasenentzündung. So viele Omas können sich nicht täuschen.
Denn unsere Großmütter hatten noch eine Ahnung von den komplexen Zusammenhängen, die heute auf dem neuen Forschungsgebiet der Psychoneuroimmunologie untersucht werden: Starke negative Gefühle schwächen die Abwehrkräfte des Körpers. Wenn sich der Mensch dann auch noch ungünstigen äußeren Einflüssen wie Nässe oder Kälte aussetzt, steigt die Gefahr, dass er sich einen Hexenschuss »holt« oder eine Erkältung »einfängt«, enorm.
Nach unseren Erfahrungen lassen sich körperliche Symptome aber nie durch äußere Einflussfaktoren allein erklären, auch nicht die weit verbreiteten Rücken- und Nackenschmerzen. Zug bekommen, zu lange mit offenem Verdeck gefahren, zu viel am Computer gesessen, verlegen, verhoben ... Ja, sicher, das mögen die Auslöser sein. Um den Dingen aber wirklich auf den Grund zu gehen, sollten wir uns schon die Mühe machen, auch nach den Ursachen zu forschen, die im emotionalen Bereich zu suchen sind. Dann müssen wir auch nicht mehr so oft zur Tablette greifen, um den Hilferuf des Körpers zu übertönen.
Wir möchten Ihnen jetzt einen vielleicht etwas ungewöhnlichen, unserer Erfahrung nach aber sehr effektiven Weg zeigen, wie Sie Ihre »alltäglichen« Beschwerden effektiv und dauerhaft auflösen können.
Dabei geht es darum, die ihnen zugrunde liegenden emotionalen Disharmonien auszugleichen und damit

auch den Körper wieder in seine natürliche Balance zu bringen.

Zunächst finden Sie heraus, welches Gefühl Sie Ihren Beschwerden entgegenbringen.

Aber wir erklären es vielleicht am besten anhand eines Beispiels aus unserer Praxis: Eine Seminarteilnehmerin klagte seit Monaten über chronische Schmerzen im linken Knie, die sie trotz verschiedener physiotherapeutischer Maßnahmen nicht loswurde. Nachdem sie im Seminar gelernt hatte, MET anzuwenden, beklopfte sie ihre Knieschmerzen mit dem Satz: »Meine Knieschmerzen«. Da sich ihre Beschwerden auch nach mehreren Klopfrunden noch nicht gebessert hatten, meinte die Frau, in ihrem Fall würde MET wohl nicht funktionieren. Wir fragten sie daraufhin, welche Gefühle sie zu ihren Knieschmerzen habe. Nach längerem Nachdenken meinte sie schließlich, sie sei ärgerlich, weil ihre Knieschmerzen trotz aller Bemühungen auch nach so langer Zeit einfach nicht weggehen wollten. Wir schlugen ihr dann vor, folgenden Satz zu beklopfen: »Mein Ärger über meine Schmerzen in meinem linken Knie.« Nach der ersten Klopfrunde stand sie plötzlich auf, guckte uns erstaunt an und sagte, ihre Beschwerden seien wie weggeblasen.

Die Emotion, die die körperliche Beschwerde aufrechterhielt, war in diesem Fall also Ärger. Genau wie auf die Signale Ihres Körpers müssen Sie demnach auch auf die Stimme Ihrer Gefühle hören. Denn Sie können sicher sein: Irgendeine Empfindung bringen auch Sie Ihren

Beschwerden entgegen, es muss ja nicht Ärger sein. Es kann sich etwa auch um Scham, Schuldgefühle, Resignation, Frustration, Verzweiflung, Kummer, Traurigkeit oder Wut handeln.
Und hören Sie bitte wirklich auf alle Nuancen Ihrer inneren Stimme. Sätze wie: »Ach, damit habe ich mich abgefunden«, »Mein Arzt hat gesagt, damit müsse ich leben«, »Daran stirbt man nicht«, »Darauf habe ich mich eingestellt«, »Da kann man eben nichts machen« wirken im ersten Moment vielleicht erwachsen, tapfer und abgeklärt. In Wirklichkeit aber verbirgt sich dahinter große Resignation. Mit MET können Sie diese auflösen. Und Sie müssen es auch, denn die belastenden Gefühle, die Sie Ihren körperlichen Beschwerden entgegenbringen, verhindern ihre Linderung und Heilung.
Auch negative Empfindungen, die auf Ereignisse in der Familie und im Beruf oder auf Personen in Ihrem Umfeld zurückgehen, können zum Entstehen von Schmerzen und anderen lästigen physischen Störungen führen.
Ein Beispiel: Eine Seminarteilnehmerin hatte schon lange Schmerzen im Handgelenk. Eine körperliche Ursache ließ sich nicht finden. Sie hatte weder eine Sehnenscheidenentzündung noch lag eine Verstauchung oder Ähnliches vor. Auch das bloße Beklopfen mit dem Satz »Meine Schmerzen im Handgelenk« führte zu keinem wesentlichen Erfolg. Wir schlugen ihr dann den Satz vor: »Meine Wut, mein Ärger, meine Trauer in meinem Handgelenk«. Eines dieser Gefühle wird sich nach

unserer Erfahrung nach einer Klopfrunde in den Vordergrund schieben. Und in der Tat: Schon nach einer Klopfrunde räumte die Teilnehmerin ein, dass es stimme. Sie habe eine ziemliche Wut auf ihren Ehemann. Diese Wut beklopfte sie dann, und siehe da, der Schmerz löste sich auf.

Mit diesem kleinen Trick können Sie herausfinden, welches nicht gelöste Gefühl sich – zum Beispiel – in Ihren schmerzenden Gliedern festgesetzt hat. Dies gilt besonders für akute Beschwerden, wie etwa Glieder- oder Gelenkschmerzen, aber auch für Hautprobleme oder Halsschmerzen, eine verschnupfte Nase, Verspannungen im Nacken oder Rücken.

Eine Bekannte von uns litt einmal unter einem beeindruckenden Hexenschuss. Sie saß nur bewegungslos auf ihrem Sofa, hatte sich eine Wärmflasche in den Rücken gelegt und sah aus wie das Leiden persönlich. Sie war nur am Jammern und Stöhnen, wie schlecht es ihr gehe. Wir beklopften sie mit dem Satz: »Ich leide so« und konnten im Verlauf einer Stunde beobachten, wie es ihr zunächst psychisch und dann auch körperlich zusehends besser ging.

Jetzt wollen wir Ihnen zeigen, wie Sie praktisch vorgehen können, wenn es Sie zwickt und zwackt und Sie sich schlecht fühlen. Wenn Ihnen eigene Sätze in den Sinn kommen, benutzen Sie bitte diese. Nehmen Sie unsere Sätze einfach als Anregungen.

Die Emotionen beklopfen

❧ Heilender Satz: »Obwohl ich ärgerlich, wütend, sauer auf meine Rückenschmerzen (Knieschmerzen, Kopfschmerzen, Nackenschmerzen, Verspannungen etc.) bin, liebe und akzeptiere ich mich so, wie ich bin.«

❧ Behandlungssatz: »Mein Ärger (meine Wut) auf meine Rückenschmerzen.«

❧ Heilender Satz: »Obwohl ich mich schäme, dass ich diesen Hautausschlag habe, liebe und akzeptiere ich mich so, wie ich bin.«

❧ Behandlungssatz: »Meine Scham wegen meines Hautausschlages.«

❧ Heilender Satz: »Obwohl ich schon längst resigniert habe und nicht mehr glaube, dass meine Rückenschmerzen (Knieschmerzen, Kopfschmerzen, Nackenschmerzen, Verspannungen etc.) jemals wieder verschwinden, liebe und akzeptiere ich mich so, wie ich bin.«

❧ Behandlungssatz: »Meine Resignation, dass meine Rückenschmerzen (Knieschmerzen, Kopfschmerzen, Nackenschmerzen, Verspannungen etc.) jemals wieder verschwinden.«

❧ Heilender Satz: »Obwohl ich so unter diesen Schmerzen leide, liebe und akzeptiere ich mich so, wie ich bin.«

❧ Behandlungssatz: »Ich leide so unter diesen Schmerzen.«

❧ Heilender Satz: »Obwohl ich über meine

Rückenschmerzen (Knieschmerzen, Kopfschmerzen, Nackenschmerzen, Verspannungen etc.) so traurig bin, liebe und akzeptiere ich mich so, wie ich bin.«

❧ Behandlungssatz: »Meine Traurigkeit über meine Rückenschmerzen (Knieschmerzen, Kopfschmerzen, Nackenschmerzen, Verspannungen etc.).«

❧ Heilender Satz: »Obwohl ich Schuldgefühle habe, dass ich mich nicht warm genug angezogen habe und jetzt erkältet bin, liebe und akzeptiere ich mich so, wie ich bin.«

❧ Behandlungssatz: »Meine Schuldgefühle, dass ich mich nicht warm genug angezogen habe.«

❧ Heilender Satz: »Obwohl ich gestern nass geworden bin und sich jetzt eine Erkältung anbahnt, liebe und akzeptiere ich mich so, wie ich bin.«

❧ Behandlungssatz: »Meine Schuldgefühle, dass ich gestern nass geworden bin und sich jetzt eine Erkältung anbahnt.«

❧ Heilender Satz: »Obwohl ich Angst habe, dass sich aus dem harmlosen Schnupfen eine richtige Erkältung entwickelt, liebe und akzeptiere ich mich so, wie ich bin.«

❧ Behandlungssatz: »Meine Angst, dass sich aus dem harmlosen Schnupfen eine richtige Erkältung entwickelt.«

❧ Heilender Satz: »Obwohl ich so verzweifelt bin über meine Rückenschmerzen (Knieschmerzen, Kopfschmerzen, Nackenschmerzen, Verspannungen etc.), liebe und akzeptiere ich mich so, wie ich bin.«

- Behandlungssatz: »Meine Verzweiflung über meine Rückenschmerzen (Knieschmerzen, Kopfschmerzen, Nackenschmerzen, Verspannungen etc.).«
- Heilender Satz: »Obwohl ich mich heute Nacht verlegen habe, liebe und akzeptiere ich mich so, wie ich bin.«
- Behandlungssatz: »Ich habe mich heute Nacht verlegen.«
- Heilender Satz: »Obwohl ich Zug gekriegt habe, liebe und akzeptiere ich mich so, wie ich bin.«
- Behandlungssatz: »Ich habe Zug gekriegt.«
- Heilender Satz: »Obwohl ich ärgerlich auf mich bin, weil ich gestern Zug gekriegt habe, liebe und akzeptiere ich mich so, wie ich bin.«
- Behandlungssatz: »Mein Ärger auf mich, weil ich gestern Zug gekriegt habe.«
- Heilender Satz: »Obwohl ich Angst habe, dass mein Hautausschlag eine bösartige Krankheit wird, liebe und akzeptiere ich mich so, wie ich bin.«
- Behandlungssatz: »Meine Angst, dass mein Hautausschlag eine bösartige Krankheit wird.«

Mit positiven Bestätigungen und bekräftigenden Wahlsätzen wie den folgenden können Sie den Heilungsprozess noch beschleunigen:
»Ich wähle, mir zu vergeben, dass ich gestern nasse Füße bekommen habe.«
»Ich wähle, eine völlig freie Nase zu haben.«
»Ich wähle, den Schmerz in meinem Hals loszulassen.«

»Ich wähle zuzulassen, dass sich mein Hexenschuss auflöst.«

»Ich wähle, meine Krankheit loszulassen.«

»Ich wähle, sofort wieder gesund zu sein.«

»Ich wähle, meinen Ärger in meinem Hals sofort aufzulösen.«

»Ich wähle zu wissen, dass diese Erkältung (dieser Hautausschlag etc.) so schnell geht, wie sie gekommen ist.«

»Ich wähle, dass mein Gefühlshaushalt im Gleichgewicht ist.«

»Ich wähle, dass wohlige Wärme meinen Nacken (meinen Rücken, meine Knie etc.) durchfließt.«

»Ich wähle, völlig normale Blutdruckwerte zu haben.«

»Ich wähle, ab sofort liebevoll mit mir umzugehen.«

Möge es Ihnen bald wieder so richtig gut gehen!

Ihre Krankheit – Ihr Verbündeter

Wenn Sie dieses Buch Kapitel für Kapitel lesen, streng der Reihenfolge nach, Abschnitt für Abschnitt, haben Sie im Vorhergehenden bereits einiges über den Zusammenhang von Körper, Geist und Seele erfahren und sich bestimmt auch schon mit unseren Vorstellungen von der Entstehung physischer Beschwerden auseinander gesetzt. Wir – und mit uns eine zunehmend große Gemeinde von Gesundheitskundlern, aber auch ganzheitlich orientierten Schulmedizinern – sind der festen Überzeugung, dass der menschliche Körper zwar eine eigene Intelligenz besitzt, letztlich aber in einem hochkomplexen Prozess gegenseitiger Abhängigkeiten von den immateriellen Größen Geist und Seele gesteuert wird. (Was beispielsweise erklären hilft, weshalb ein großflächig grassierendes Grippevirus bei manchen Menschen Verheerendes anrichtet, während es anderen, die ihm ebenfalls ausgesetzt sind, nichts anhaben kann.)

Man muss es ganz offen und selbstkritisch sagen: Diese holistische Betrachtungsweise steckt leider noch in den Kinderschuhen. Wir können heute noch nicht alle Krankheiten heilen. Jede anders lautende Behauptung wäre eine Vorspiegelung falscher Tatsachen. Aber so viel wissen wir: Der eingeschlagene Weg ist der richtige. Daher kann man auch nur immer wieder an die niedergelassene Ärzteschaft und die medizinische Forschung – die den Phänomenen ernsthafter, lebensbedrohender Krankheiten in der Praxis ja oft auch sehr hilflos gegenüberstehen – appellieren, sich für neue Erkenntnisse zu öffnen und sich nicht auf ihre jeweiligen eng abgegrenzten Fachgebiete zurückzuziehen.

Wenn Sie im Internet beispielsweise den Begriff »Krebsforschung« in eine Suchmaschine eingeben, werden Sie feststellen, dass große Institute weltweit Millionen und Abermillionen Dollar in die Krebsforschung stecken, und das schon seit Jahren. (Zum Beispiel gibt die Canadian Cancer Society 45 Millionen Dollar pro Jahr für die Krebsforschung aus, das Weizmann Institute of Science in Israel 50 Millionen). Das Engagement – und die Erfolge – dieser Institute und ihrer Mitarbeiter(innen) in allen Ehren. Aber sie haben noch lange nicht so viel erreicht, wie man hoffen und wünschen könnte. Und die Wahrscheinlichkeit ist leider groß, dass sich daran auch nichts ändert, solange sich der Blickwinkel der Forscher nicht weitet.

Denn wir haben hinreichend Grund zu der Vermutung, dass der gesamte Denkansatz nicht der richtige ist, sind wir doch fest davon überzeugt, dass Krankheit nicht etwas vom Menschen Getrenntes, außerhalb von ihm Stehendes ist. Kein Feind, den es mit chemischen Keulen zu bekämpfen gilt. Eine rein organisch orientierte Forschung wird daher mit Sicherheit auch in Zukunft nicht zielführend sein.

Wir würden uns wünschen, dass Forschungsmittel auch in die Förderung weitergreifender Ansätze fließen wie den, den wir verfolgen: Jede Krankheit ist Teil des Menschen, der davon betroffen ist. Er selbst hat sie erschaffen. Und er verfügt auch über die Kräfte, sich selbst zu heilen.

Anders ausgedrückt hört es sich im ersten Moment befremdlich an: Sie sind nicht das Opfer Ihrer Krankheit, sondern ihr Verursacher. Doch die befreiende Perspektive, die in diesem Ansatz liegt, ist enorm: Genauso, wie Sie Krankheit erschaffen, können Sie auch Gesundheit hervorbringen. Ist das nicht gewaltig? Ganz neue Aussichten! Aber wie soll das funktionieren?

Wie Sie ja schon gesehen haben, können Sie Ihre körperlichen Leiden mit MET auflösen, indem Sie sich an die damit verbundenen Emotionen wenden. Daher besteht der erste Schritt zur Heilung häufig darin, die Krankheit anzunehmen.

Schauen Sie – vorbereitend – zunächst einmal, welche Emotionen unsere bisherigen Ausführungen bei ihnen ausgelöst haben.

Finden Sie unsere Meinung völlig abwegig?

❧ Heilender Satz: »Obwohl ich diese Meinung völlig abwegig finde, liebe und akzeptiere ich mich so, wie ich bin.«

❧ Behandlungssatz: »Ich finde diese Meinung völlig abwegig.«

So ein Quatsch bringt Sie auf die Palme?

❧ Heilender Satz: »Obwohl mich so ein Quatsch auf die Palme bringt (mich ärgert; mich wütend macht), liebe und akzeptiere ich mich so, wie ich bin.«

❧ Behandlungssatz: »So ein Quatsch bringt mich auf die Palme (ärgert mich; macht mich wütend)!«

Denken Sie: Das mag ja für andere gelten, für mich gilt das nicht?

❧ Heilender Satz: »Obwohl ich der Meinung bin, dass das für andere gelten mag, nicht aber für mich, liebe und akzeptiere ich mich so, wie ich bin.«

❧ Behandlungssatz: »Meine Meinung, dass das vielleicht für andere gilt, für mich gilt das nicht!«

Wenn Sie durch das Beklopfen Ihre ablehnende(n) Haltung(en) in einen neutralen Zustand gebracht haben, können Sie beginnen, Ihre Einstellung zu Ihrer Krankheit zu beklopfen:

»Krankheit ist etwas, das mir von außen zugefügt wird.«

❧ Heilender Satz: »Obwohl ich glaube (überzeugt bin), dass mir Krankheit von außen zugefügt wird, liebe und akzeptiere ich mich so, wie ich bin.«

꧁ Behandlungssatz: »Mein Glaube (meine Überzeugung), dass mir Krankheit von außen zugefügt wird.«
Halten Sie Krankheit für eine Strafe Gottes?
❀ Heilender Satz: »Obwohl ich glaube, dass Krankheit eine Strafe Gottes ist, liebe und akzeptiere ich mich so, wie ich bin.«
꧁ Behandlungssatz: »Mein Glaube (meine Überzeugung), dass Krankheit eine Strafe Gottes ist.«
Können Sie nicht akzeptieren, dass Sie Ihre Krankheit selbst erschaffen haben?
❀ Heilender Satz: »Obwohl ich überhaupt nicht akzeptieren kann, dass ich meine Krankheit selbst erschaffen haben soll, liebe und akzeptiere ich mich so, wie ich bin.«
꧁ Behandlungssatz: »Ich kann überhaupt nicht akzeptieren, dass ich meine Krankheit selbst erschaffen haben soll.«
Halten Sie sich für ein Opfer des Schicksals?
❀ Heilender Satz: »Obwohl ich glaube, dass ich ein Opfer des Schicksals bin, liebe und akzeptiere ich mich so, wie ich bin.«
꧁ Behandlungssatz: »Mein Glaube, dass ich ein Opfer des Schicksals bin.«
Sehen Sie Krankheit als etwas von sich Losgelöstes?
❀ Heilender Satz: »Obwohl ich Krankheit als etwas von mir Losgelöstes sehe, liebe und akzeptiere ich mich so, wie ich bin.«
꧁ Behandlungssatz: »Ich sehe Krankheit als etwas von mir Losgelöstes.«

Nachdem Sie Ihre Einstellungen beklopft haben, können Sie dazu übergehen, Wahlsätze, die besagen, dass Sie Ihre Krankheit akzeptieren und annehmen, in Ihre Meridianpunkte einzuklopfen. Sollten Sie dabei einen inneren Widerstand in Form von Ärger, Trauer oder Wut etc. spüren, dann beklopfen Sie diese Emotion bitte unbedingt zuerst. Erst dann sind Sie frei, die Wahlsätze aufzunehmen. Sie können den Begriff einsetzen, der für Sie gültig ist: Schmerz(en), Krankheit oder Leiden. Hier einige Beispiele:

»Ich wähle, mich mit meiner Krankheit so zu lieben und zu akzeptieren, wie ich bin.«

»Ich wähle zu verstehen, dass Krankheit kommt und geht, wann ich es will.«

»Ich wähle zu wissen, dass ich Schöpfer meiner Gesundheit bin.«

»Ich wähle, mir zu vergeben, dass ich diese Krankheit geschaffen habe.«

»Ich wähle zu verstehen, dass Krankheit aus Angst und Zweifel geboren wird.«

»Ich wähle, meine Krankheit als Teil von mir zu begreifen.«

»Ich wähle, mit meinen Schmerzen Freundschaft zu schließen.«

»Ich wähle, meine Schmerzen (meine Krankheit, mein Leiden) als Hilferuf meines Körpers anzuerkennen.«

»Ich wähle zu erkennen, dass körperliche Schmerzen eigentlich Schmerzen der Seele sind.«

»Ich wähle, meinen Kampf gegen diese Krankheit loszulassen.«
»Ich wähle, mit meinem Leiden kreativ umzugehen.«
»Ich wähle, mit meinem Leiden zu fließen.«
»Ich wähle, meine Krankheit zu lieben.«
»Ich wähle, meinen Ärger auf diese Krankheit loszulassen.«
»Ich wähle, mit meiner Krankheit Frieden zu schließen.«

Oft kommt man bei schwereren Erkrankungen allein nicht weiter. Wir möchten an dieser Stelle betonen, dass Sie sich in solchen Fällen unbedingt einem erfahrenen MET-Therapeuten® anvertrauen sollten, der Sie durch diesen Prozess begleiten kann. Und bitte: Wenn Sie sich in ärztlicher Behandlung befinden, führen Sie diese fort, denn MET darf ärztliche Diagnose und Behandlung nicht ersetzen, kann sie aber sinnvoll ergänzen. Und schauen Sie, wie die ärztliche und die MET-Behandlung gemeinsam zu einem Erfolg führen. In diesem Sinne: Werden Sie schnell gesund!

Dem Lauf des Lebens vertrauen

Zunächst ein paar Fragen

Vielleicht haben Sie Lust, kurz den folgenden Fragebogen auszufüllen? Zählen Sie dann anschließend Ihre Punkte zusammen.

Sind Ihre Wünsche an das Leben bisher im großen Ganzen in Erfüllung gegangen?
eher Ja (1) eher Nein (0)
Sind Sie überwiegend gut gelaunt und optimistisch?
eher Ja (1) eher Nein (0)
Geht Ihnen Ihre Arbeit gut von der Hand?
eher Ja (1) eher Nein (0)
Fühlen Sie sich beruflich über- oder unterfordert?
eher Ja (0) eher Nein (1)
Glauben Sie, dass Sie alles schaffen können, was Sie sich vornehmen?
eher Ja (1) eher Nein (0)
Fühlen Sie sich von den Menschen, die Sie umgeben, überwiegend respektiert und gut behandelt?

eher Ja (1) eher Nein (0)
Gibt es in Ihrem Leben mehr als eine größere Entscheidung, die Sie bereuen?
eher Ja (0) eher Nein (1)
Haben Sie den Eindruck, dass Sie in Ihrem Leben schon mehr Pech hatten als der Durchschnitt der Bevölkerung?
eher Ja (0) eher Nein (1)
Sehen Sie für Ihre persönliche Zukunft schwarz?
eher Ja (0) eher Nein (1)
Vermissen Sie etwas in Ihrem Leben und wissen ganz genau, dass Sie es nie erreichen werden?
eher Ja (0) eher Nein (1)
Langweilen Sie sich oft?
eher Ja (0) eher Nein (1)
Haben Sie das Gefühl, das Leben sei Ihnen bislang etwas schuldig geblieben?
eher Ja (0) eher Nein (1)

Sie haben neun oder mehr Punkte – und nicht geschummelt? Glückwunsch!
Sie gehören allem Anschein nach zu den Menschen, die rundum zu beneiden sind. Wobei es sich keineswegs um die Reichen, Schönen und Berühmten handelt, denn deren Probleme möchte man ja nicht geschenkt bekommen (jedenfalls nicht, wenn man der Boulevardpresse glauben darf). Aber Sie nun: Ihr Leben läuft wie geschmiert. Sie sind ein richtiger Sonnenschein, eine Freude für alle, die es mit Ihnen zu tun bekommen. Sie

haben Spaß an der Arbeit. Sie lieben Ihre Familie und Ihre Freunde. Wenn sich Probleme auftun, packen Sie sie an. Wenn Ihnen etwas nicht gefällt, stellen Sie es ab. Wenn Entscheidungen anstehen, treffen Sie sie. Ihr Leben ist im Fluss, auch wenn es nicht immer das reine Zuckerschlecken ist. Schließlich wird auch Ihnen nichts geschenkt. Und einen goldenen Löffel hatten Sie höchstwahrscheinlich auch nicht im Mund, als Sie zum ersten Schrei ansetzten. Was also zeichnet Sie aus? Sie sind aktiv, intuitiv, selbstbewusst, ausgeglichen, humorvoll und kreativ. Nichts kann Ihnen größer etwas anhaben, denn Sie sind mit sich im Reinen.

Oder haben Sie bei unserem Fragebogen vielleicht nur ein, zwei oder drei Punkte erzielt – und auch die nur, weil Sie über Ihren Schatten gesprungen sind beziehungsweise ein bisschen gemogelt haben? Nehmen Sie es uns nicht übel. Aber dann tun Sie sich bestimmt arg schwer mit dem Leben. Nichts scheint Ihnen zu gelingen. Entsprechend mies ist Ihre Laune. Sie haben ständig das Gefühl, zu kurz zu kommen, sind sauer auf Ihre Vergangenheit, nehmen die Gegenwart kaum wahr und haben Angst vor der Zukunft.

Die gute Nachricht ist: Das muss nicht so bleiben – es sei denn, Sie wollen es nicht anders. Es liegt ganz bei Ihnen. Wenn Sie die Holperstrecke, die Ihr Leben für Sie zu sein scheint, verlassen möchten: Wir hätten da ein paar Vorschläge für Sie. (Keine Angst, Ihre Probleme kommen Ihnen dabei schon nicht abhanden. Es kann allerdings sein, dass sie sich in Zukunft leichter lösen. Oder möchten Sie vielleicht jetzt bereits den Abschnitt über Selbstmitleid lesen?)

Als Erstes müssen Sie die Brille des Pessimisten ablegen – sie hat Ihnen sowieso nie besonders gut gestanden – und genau hinschauen. Was ist es eigentlich, das Ihnen immer im Weg steht, Ihr Glück blockiert und Sie daran hindert, dem Lauf des Lebens zu vertrauen? (Denn mal ehrlich: So außergewöhnlich sind Sie nun auch nicht, dass es ausgerechnet Ihnen objektiv immer viel schlechter geht als allen anderen.)

Die selbsternannten Pechvögel dieser Welt erkennt man an den Glaubenssätzen und Meinungen, die sie über das Leben haben, an ihren allgemeinen Ängsten, Sorgen und Überzeugungen.

Ängste und andere Überzeugungen

Wenn Sie meinen, auf der Schattenseite des Lebens zu stehen, werden Sie mit vielen der folgenden Ängste und Glaubenssätze sehr vertraut sein. Sie müssen sie nicht sofort beklopfen und sich von ihnen trennen. Es sei denn natürlich, Sie wollen künftig mehr Spaß, Freude und Zufriedenheit haben. Also kommen Sie, geben Sie sich einen Ruck. Schlimmer kann es schließlich nicht kommen, oder?

❀ Heilender Satz: »Obwohl ich Angst vor dem Leben habe, liebe und akzeptiere ich mich so, wie ich bin.«

∞ Behandlungssatz: »Meine Angst vor dem Leben.«

❀ Heilender Satz: »Obwohl ich Angst habe, mein Leben zu genießen, liebe und akzeptiere ich mich so, wie ich bin.«

∞ Behandlungssatz: »Meine Angst, mein Leben zu genießen.«

❧ Heilender Satz: »Obwohl ich Angst habe, dass mir etwas passiert, liebe und akzeptiere ich mich so, wie ich bin.«

❧ Behandlungssatz: »Meine Angst, dass mir etwas passiert.«

❧ Heilender Satz: »Obwohl ich Angst habe, dass meinen Lieben etwas passiert, liebe und akzeptiere ich mich so, wie ich bin.«

❧ Behandlungssatz: »Meine Angst, dass meinen Lieben etwas passiert.«

❧ Heilender Satz: »Obwohl ich mir immer so schreckliche Sorgen mache, liebe und akzeptiere ich mich so, wie ich bin.«

❧ Behandlungssatz: »Meine schrecklichen Sorgen.«

❧ Heilender Satz: »Obwohl ich es nicht verdient habe, ein glückliches Leben zu leben, liebe und akzeptiere ich mich so, wie ich bin.«

❧ Behandlungssatz: »Ich habe es nicht verdient, ein glückliches Leben zu leben.«

❧ Heilender Satz: »Obwohl Leben für mich Kampf bedeutet, liebe und akzeptiere ich mich so, wie ich bin.«

❧ Behandlungssatz: »Leben bedeutet für mich Kampf.«

Treffen Sie Ihre Wahl

Spüren Sie, dass die Zukunft nicht nur schwarz ist? Dass zumindest die Möglichkeit besteht, dass ganz bald – eigentlich sofort – alles gut wird? Bleiben Sie dabei nicht stehen. Lassen Sie sich vom Fluss des Lebens weitertragen und beklopfen Sie Ihre Wahl:

»Ich wähle, voller Vertrauen mein Leben zu leben.«

»Ich wähle, mir zu gestatten, mein Leben zu genießen.«

»Ich wähle, mich beschützt zu fühlen.«

»Ich wähle zu wissen, dass meine Lieben beschützt werden.«

»Ich wähle zu wissen, dass ich es verdient habe, glücklich zu sein.«

»Ich wähle, mir zu gestatten, das Leben als lustvolles Spiel zu genießen.«

Ich bin wohlhabend, reich + glückl

Selbstbewusstsein – »Ich bin ein wertvoller Mensch!«

»Drängel dich nicht vor!«, Spiel dich nicht auf!«, »Bleib schön im Hintergrund!«, »Sei bescheiden!«. Mit diesen Botschaften sind viele von uns aufgewachsen und sie lassen sich gar nicht so leicht ignorieren, nicht einmal im Erwachsenenalter. Hallt diese Leitmelodie vielleicht auch in Ihrem Leben noch wider? Dann sind Sie heute möglicherweise ein zurückhaltender Mensch, höflich, stets respektvoll gegenüber anderen, Sie ecken nicht gern an und würden nie auf den Putz hauen, selbst wenn Sie zweifelsfrei im Recht sind. Werden Sie für eine Leistung gelobt, so senken Sie den Blick und lenken schnell von sich ab. Ein sympathischer Mensch, der nicht viel von sich hermacht. Und nicht viel von sich hält. Der unter der Oberfläche seiner Bescheidenheit fest davon überzeugt ist, kein Recht auf Glück und Erfolg zu haben.

Woran es einem solchen Menschen ganz offensichtlich mangelt, sind Selbstbewusstsein, Selbstvertrauen, Selbstwertgefühl, drei Begriffe, die sich nur in Nuancen voneinander unterscheiden. *Selbst-Bewusstsein*: Ich nehme mein Sein, meine Bedürfnisse und Wünsche wahr und ernst; *Selbst-Vertrauen*: Da nur ich selbst die Verantwortung für mein Leben trage, baue ich ganz auf mich und traue mir zu, es mir schön und stimmig zu gestalten, ohne anderen zu schaden; *Selbst-Wertgefühl*: Meine Menschenwürde ist unantastbar. Ich habe dasselbe angeborene Recht, meinen Platz auf dieser Erde gewaltfrei zu behaupten, wie alle anderen.

Sagen Sie es. Sprechen Sie es laut aus: *»Ich bin ein wertvoller Mensch. Ich bin es wert, erfolgreich und glücklich zu sein.«* Was passiert in Ihnen, wenn diese Worte aus Ihrem Munde kommen? Strahlen Sie vor Glück, weil diese Äußerung Ihrer vollen persönlichen Wahrheit entspricht? Oder regen sich allerkleinste Widerstände, Zweifel, spürbar unter Umständen als Beklemmung im Brustbereich? Haben Sie vielleicht ein bisschen das Gefühl, gelogen zu haben, als Sie den Satz aussprachen? Jetzt können Sie sich dafür entscheiden, diese Widerhaken zu beseitigen.

❦ Heilender Satz: »Obwohl ich so wenig Selbstwertgefühl habe, liebe und akzeptiere ich mich so, wie ich bin.«

❧ Behandlungssatz: »Ich habe so wenig Selbstwertgefühl.«

❧ Heilender Satz: »Obwohl ich es nicht wert bin, ein erfolgreiches Leben zu führen, liebe und akzeptiere ich mich so, wie ich bin.«

❧ Behandlungssatz: »Ich bin es nicht wert, ein erfolgreiches Leben zu führen.«

❧ Heilender Satz: »Obwohl ich es nicht wert bin, glücklich zu sein, liebe und akzeptiere ich mich so, wie ich bin.«

❧ Behandlungssatz: »Ich bin es nicht wert, glücklich zu sein.«

❧ Heilender Satz: »Obwohl ich der Meinung bin, ein wertloser Mensch zu sein, liebe und akzeptiere ich mich so, wie ich bin.«

❧ Behandlungssatz: »Ich bin der Meinung, ein wertloser Mensch zu sein.«

❧ Heilender Satz: »Obwohl es mich traurig macht, ein wertloser Mensch zu sein, liebe und akzeptiere ich mich so, wie ich bin.«

❧ Behandlungssatz: »Es macht mich traurig, ein wertloser Mensch zu sein.«

Was regt sich darüber hinaus bei Ihnen? Sind Sie ärgerlich auf sich, dass Sie so eine geringe Meinung von sich haben?

❧ Heilender Satz: »Obwohl ich mich ärgere, dass ich so eine geringe Meinung von mir habe, liebe und akzeptiere ich mich so, wie ich bin.«

❧ Behandlungssatz: »Ich ärgere mich, dass ich so eine geringe Meinung von mir habe.«

Als Wahlsätze für ein besseres Selbstwertgefühl können Sie beklopfen:

»Ich wähle, voll von gesundem Selbstwertgefühl zu sein.«

»Ich wähle, mich als wertvollen Menschen zu fühlen.«

»Ich wähle, mich als wertvollen Menschen zu lieben.«

»Ich wähle, mich als wertvollen Menschen zu ehren.«

»Ich wähle zu erkennen, dass ich es wert bin, ein erfolgreiches und glückliches Leben zu führen.«

»Ich wähle zu wissen, dass ich ein einmaliger Mensch bin.«

»Ich wähle zu wissen, dass ich in dieser Welt einen wertvollen Beitrag leiste.«

»Ich wähle zu wissen, dass ich wertvoll bin.«

»Ich wähle zu wissen, dass ich ein wertvolles, göttliches Geschöpf bin.«

»Ich wähle, mich voll und ganz so zu lieben, wie ich bin.«

Wenn Ihr gesamtes Ich nun ein tiefes, entspanntes Selbstwertgefühl ausstrahlt, dürfen Sie ruhig auch mehr Selbstvertrauen entwickeln. Keine Angst, Sie werden nicht gleich zum Angeber und Prahlhans, wenn Sie die Verantwortung für sich übernehmen und sich Großes zutrauen.

Denn worum geht es dabei eigentlich? Doch nur um das Bewusstsein Ihrer selbst. Und das Bewusstsein ist nichts als ein Spiegelbild dessen, worauf Sie Ihre Aufmerksamkeit richten. Sie haben also die Wahl: Sie können sich entweder auf alles konzentrieren, was Sie *nicht* sind, können und haben. Oder Sie rücken das an sich in den Vordergrund, was Sie beherrschen und besitzen.

Angenommen, Sie haben keine formale Berufsausbildung genossen, arbeiten aber seit Jahren höchst erfolgreich als Hausfrau und Mutter. Nun bietet man Ihnen den Vorsitz eines Nachbarschaftsvereins an. Sie trauen sich das nicht zu. Ihre Selbstzweifel in allen Ehren – »Ich hab das doch noch nie gemacht, ich hab nicht studiert, in der Kommunalpolitik kenne ich mich überhaupt nicht aus.« Aber schauen Sie doch mal: Wer könnte für dieses Ehrenamt qualifizierter sein als gerade Sie? Wer hat schon häufiger unter Beweis gestellt, dass er auch bei knappen Haushaltskassen gut über die Runden kommt? Wer kann besser organisieren und unter Umständen auch weit auseinander strebende Interessen unter einen Hut bringen? Wer könnte über ein krisenerprobteres Verhandlungsgeschick verfügen? (Fragen Sie mal Ihre Kinder.)

Also. Ihr größter Widersacher sind Ihre eigenen Zweifel.

> Heilender Satz: »Obwohl ich an mir zweifle, liebe und akzeptiere ich mich so, wie ich bin.«
>
> Behandlungssatz: »Ich zweifle an mir.«
>
> Heilender Satz: »Obwohl ich bezweifle, dass ich überhaupt zu irgendetwas gut bin, liebe und akzeptiere ich mich so, wie ich bin.«
>
> Behandlungssatz: »Ich bezweifle, dass ich zu irgendetwas gut bin.«

❦ Heilender Satz: »Obwohl ich bezweifle, dass ich mein Leben in den Griff kriege, liebe und akzeptiere ich mich so, wie ich bin.«

❧ Behandlungssatz: »Ich bezweifle, dass ich mein Leben in den Griff kriege.«

❦ Heilender Satz: »Obwohl ich bezweifle, dass ich überhaupt irgendetwas kann, liebe und akzeptiere ich mich so, wie ich bin.«

❧ Behandlungssatz: »Ich bezweifle, dass ich überhaupt irgendetwas kann.«

❦ Heilender Satz: »Obwohl ich kein Recht habe, auf dieser Welt zu sein, liebe und akzeptiere ich mich so, wie ich bin.«

❧ Behandlungssatz: »Ich habe kein Recht, auf dieser Welt zu sein.«

Sollte sich an irgendeinem Punkt Traurigkeit einstellen (was insbesondere beim letzten Satz der Fall sein kann), so beklopfen Sie auch diese. Und wenn Ihnen noch mehr Dinge einfallen, die Ihr Selbstvertrauen unterhöhlen, dann … genau, dann klopfen Sie diese bitte auch. Weil Sie es sich wert sind. Und danach treffen Sie Ihre Wahl:

»Ich wähle zu wissen, dass ich die Kraft habe, mein Leben selbst zu gestalten.«

»Ich wähle zu wissen, dass ich mit einmaligen Fähigkeiten ausgestattet bin.«

»Ich wähle zu wissen, dass ich einen ganz besonderen Platz auf dieser Erde verdient habe.«

»Ich wähle, meinen Fähigkeiten zu vertrauen.«
»Ich wähle, voller Selbstvertrauen zu sein.«
»Ich wähle, voller Selbstvertrauen und Kraft mein Leben anzupacken.«

An dieser Stelle möchten wir Ihnen gern noch ein paar Worte Nelson Mandelas aus seiner Antrittsrede als Staatspräsident ans Herz legen. Selten wurde der Themenbereich »Selbstbewusstsein – Selbstwertgefühl – Selbstvertrauen« so eindringlich umrissen wie in dieser Ansprache: »Du bist ein Kind Gottes. Es dient der Welt nicht, wenn du dich klein machst. Sich zu beschränken, nur damit andere um dich herum sich nicht unsicher fühlen, hat nichts Erleuchtendes. Wir wurden geboren, um den Ruhm Gottes, der in uns ist, zu manifestieren. Er ist nicht nur in einigen von uns, er ist in jedem Einzelnen. Und wenn wir unser Licht scheinen lassen, geben wir damit anderen die Erlaubnis, es auch zu tun. Wenn wir von unserer eigenen Angst befreit sind, befreit unsere Gegenwart automatisch andere.«

Ausgeglichenheit und Wohlbefinden

Das Wichtigste haben Sie nun schon geschafft. Sie haben Ihre Ängste, Sorgen und hemmenden Überzeugungen tiefgehend beklopft und dadurch mehr Selbstbewusstsein erlangt. Wenn Sie den Fragebogen am Anfang dieses Kapitels jetzt noch einmal ausfüllen, kann es sein, dass Sie schon weit mehr Punkte erzielen als zuvor.
Aber ganz im Gleichgewicht fühlen Sie sich trotzdem noch nicht? Nun, da Sie die größten Hürden genommen haben – und zwar aus eigener Kraft –, können wir uns den kleineren Dingen widmen, die Ihr generelles Wohlbefinden vielleicht noch beeinträchtigen. Haben Sie immer noch häufig schlechte Laune? Sind Sie öfter gereizt? Oder läuft Ihnen allzu leicht die Galle über? Um sich dem angenehmen Zustand von Ausgeglichenheit und Wohlbefinden weiter anzunähern, haben Sie jetzt die Möglichkeit, auch diese Hemmnisse noch zu beklopfen.

⚘ Heilender Satz: »Obwohl ich immer so schlechte Laune habe, liebe und akzeptiere ich mich so, wie ich bin.«

⚘ Behandlungssatz: »Ich habe immer so schlechte Laune.«

⚘ Heilender Satz: »Obwohl ich immer so gereizt bin, liebe und akzeptiere ich mich so, wie ich bin.«

⚘ Behandlungssatz: »Ich bin immer so gereizt.«

⚘ Heilender Satz: »Obwohl mir ständig die Galle überläuft, liebe und akzeptiere ich mich so, wie ich bin.«

⚘ Behandlungssatz: »Mir läuft ständig die Galle über.«

Gehen Sie ab sofort einfach davon aus, dass Ausgeglichenheit Ihr natürlicher Zustand ist.

Gibt es noch andere Dinge, die Sie behindern?

Vielleicht haben Sie häufig das Gefühl, sich im Wettstreit mit anderen zu befinden?

⚘ Heilender Satz: »Obwohl ich mich ständig in Konkurrenz zu anderen Menschen befinde, liebe und akzeptiere ich mich so, wie ich bin.«

⚘ Behandlungssatz: »Ich befinde mich ständig in Konkurrenz zu anderen Menschen.«

Oder ist es Neid, der Sie nicht zur Ruhe kommen lässt?

⚘ Heilender Satz: »Obwohl ich neidisch auf andere bin, liebe und akzeptiere ich mich so, wie ich bin.«

⚘ Behandlungssatz: »Ich bin neidisch auf andere.«

Vielleicht ist es auch die Angst, andere könnten in irgendeiner Hinsicht besser sein als Sie?

⚘ Heilender Satz: »Obwohl ich Angst habe, dass andere besser sind als ich, liebe und akzeptiere ich mich so, wie ich bin.«

⚘ Behandlungssatz: »Ich habe Angst, dass andere besser sind als ich.«

Fürchten Sie, auf irgendeinem Gebiet nicht zu genügen?

⚘ Heilender Satz: »Obwohl ich Angst habe, nicht zu genügen, liebe und akzeptiere ich mich so, wie ich bin.«

⚘ Behandlungssatz: »Ich habe Angst, nicht zu genügen.«

Lähmt Sie das Gefühl, Sie könnten etwas versäumen?

⚘ Heilender Satz: »Obwohl ich Angst habe, etwas zu versäumen, liebe und akzeptiere ich mich so, wie ich bin.«

⚘ Behandlungssatz: »Ich habe Angst, etwas zu versäumen.«

Empfinden Sie ein Gefühl innerer Zerrissenheit?

⚘ Heilender Satz: »Obwohl ich mich innerlich so zerrissen fühle, liebe und akzeptiere ich mich so, wie ich bin.«

⚘ Behandlungssatz: »Ich fühle mich innerlich so zerrissen.«

Das waren natürlich nur Beispiele, die Ihnen die Richtung zeigen sollten. Jeder von uns hat seine eigenen Lieblingsmethoden, sich das Leben schwer zu machen. Erforschen Sie also, was Sie persönlich davon abhält, wirklich rundum ausgeglichen zu sein. Wenn Sie das alles beklopft haben, können Sie Ihren neuen Gemütszustand mit den folgenden Wahlsätzen noch bekräftigen:

»Ich wähle, mich zu entscheiden, meinen Tag in guter Laune zu verbringen.«

»Ich wähle, gute Laune in mein Leben einzuladen.«

»Ich wähle, meine Gereiztheit in Sanftmut zu verwandeln.«

»Ich wähle, den Weg der Sanftmut zu gehen.«

»Ich wähle, meinen Wert zu erkennen und zu wertschätzen.«

»Ich wähle, mich über den Erfolg anderer Menschen zu freuen.«

»Ich wähle zu wissen, dass ich vollkommen bin.«

»Ich wähle zu wissen, dass ich stets zur rechten Zeit am rechten Ort bin.«

»Ich wähle, mich als vollkommen und ganz zu empfinden.«

Frieden mit der Vergangenheit

Kein Mensch ist ein unbeschriebenes Blatt. Oder technologisch zeitgemäßer ausgedrückt: Jeder beschreibt sich seine Festplatte selbst. Und man ist gut beraten, sie immer wieder mal aufzuräumen und alle Daten zu löschen, die nicht mehr benötigt werden.

»Der kann was erleben, wenn er mir zwischen die Finger kommt!« »Was die mir damals angetan hat, werde ich ihr nie verzeihen!« »Ich bin immer noch sauer, wenn ich daran denke.« Sätze wie diese gehören schleunigst in den Papierkorb Ihres persönlichen Computers. Und den löschen Sie dann auch. Denn sie drücken nichts anderes aus, als dass sich die Schleier der Vergangenheit über die Gegenwart gelegt haben und dort ihr Unwesen treiben. Der Ärger auf einen früheren Kollegen oder Freund, ein schreiendes Unrecht, das Ihnen Ihrer Meinung nach vor Jahren widerfahren ist ... In jedem Leben gibt es mehr als genug Ereignisse, über die man sich den Rest seiner

Zeit aufregen könnte. Aber es bringt doch nichts, vermiest einem lediglich das gegenwärtige Lebensgefühl. Trotzdem ist es häufig so, dass der Ärger, die Wut, die Traurigkeit, die Empörung oder Rachsucht einfach nicht weichen wollen. Wie auch, werden sie doch durch Sätze wie die genannten immer weiter genährt. Und das ist dann ganz so, als würden Sie sich täglich eine Sicherungskopie eines Computervirus anfertigen, der Ihre gesamte Arbeit am Rechner beeinträchtigt.

Und so bleibt man also, wie man es auch dreht und wendet, ganz allein auf seinem Pulverfass sitzen, bereit, sich den nächsten Ärger heranzuziehen. Denn irgendwo muss er ja bleiben. Schließlich braucht alles, was nicht nachhaltig aufgelöst wird, ständig neue Nahrung.

Mit Sicherheit ist Ärger nicht gerade ein Zustand, der Körper und Seele gut tut. Dasselbe gilt für Scham, Trauer und Schuldgefühle. Es hat auch keinen Sinn, das belastende Erlebnis immer wieder zu erzählen und dabei stets aufs Neue zu durchleben. Das löst das Trauma nicht auf, sondern bestärkt es nur in seiner verheerenden Innenwirkung.

Das Schöne an der Vergangenheit ist ja, dass man ganz frei ist, sie sich selbst zu gestalten. Lassen Sie Ihren Ärger über den Kollegen, der Sie vor sieben Jahren beim Chef angeschwärzt hat – und völlig zu Unrecht, wie Sie meinen –, doch einfach los und freuen Sie sich über das kameradschaftliche Klima, das heute in Ihrer Abteilung herrscht.

Leichter gesagt als getan? Nicht mit MET!

Schreiben Sie sich alles aus Ihrer Vergangenheit, was Sie heute noch belastet, auf, Dinge aus Beruf und Freizeit, aus dem Freundeskreis. Wenn es Ihnen erforderlich erscheint, können Sie dabei bis zu Ihrer Kindheit und Jugend zurückgehen.
Es folgen jetzt einige Vorschläge aus unserer Praxis. Entsprechend können Sie Ihre Ereignisse formulieren und beklopfen.

Kindergarten- und Schulzeit

❁ Heilender Satz: »Obwohl ich so traurig war, weil ich immer in den Kindergarten musste, liebe und akzeptiere ich mich so, wie ich bin.«

⚘ Behandlungssatz: »Ich war so traurig, weil ich immer in den Kindergarten musste.«

❁ Heilender Satz: »Obwohl ich immer Angst vor der Kindergärtnerin hatte, liebe und akzeptiere ich mich so, wie ich bin.«

⚘ Behandlungssatz: »Meine Angst vor der Kindergärtnerin.«

❁ Heilender Satz: »Obwohl ich damals ins Heim musste, liebe und akzeptiere ich mich so, wie ich bin.«

⚘ Behandlungssatz: »Mein Heimaufenthalt.«

❁ Heilender Satz: »Obwohl ich so traurig war, als meine Eltern mich ins Heim geschickt haben, liebe und akzeptiere ich mich so, wie ich bin.«

⚘ Behandlungssatz: »Ich war so traurig, weil meine Eltern mich ins Heim geschickt haben.«

❧ Heilender Satz: »Obwohl ich in dem Kinderheim damals so viel Angst hatte, liebe und akzeptiere ich mich so, wie ich bin.«

❧ Behandlungssatz: »Ich hatte damals solche Angst in dem Kinderheim.«

❧ Heilender Satz: »Obwohl ich mich damals so allein fühlte, liebe und akzeptiere ich mich so, wie ich bin.«

❧ Behandlungssatz: »Ich fühlte mich damals so allein.«

❧ Heilender Satz: »Obwohl ich in der Schule immer ausgelacht wurde, liebe und akzeptiere ich mich so, wie ich bin.«

❧ Behandlungssatz: »Ich wurde in der Schule immer ausgelacht.«

❧ Heilender Satz: »Obwohl ich traurig bin, weil ich in der Schule immer ausgelacht wurde, liebe und akzeptiere ich mich so, wie ich bin.«

❧ Behandlungssatz: »Ich bin traurig, weil ich in der Schule immer ausgelacht wurde.«

❧ Heilender Satz: »Obwohl ich mich immer noch ärgere, weil ich in der Schule ein Außenseiter war, liebe und akzeptiere ich mich so, wie ich bin.«

❧ Behandlungssatz: »Ich ärgere mich immer noch, weil ich damals in der Schule ein Außenseiter war.«

❧ Heilender Satz: »Obwohl die ganze Schulzeit für mich ein einziger Albtraum war, liebe und akzeptiere ich mich so, wie ich bin.«

Behandlungssatz: »Die ganze Schulzeit war für mich ein einziger Albtraum.«

Heilender Satz: »Obwohl ich immer noch einen tierischen Brass auf Lehrer X habe, liebe und akzeptiere ich mich so, wie ich bin.«

Behandlungssatz: »Mein tierischer Brass auf Lehrer X.«

Erwachsenenalter

Heilender Satz: »Obwohl ich immer noch nicht fassen kann, warum X mich damals nie wieder angerufen hat, liebe und akzeptiere ich mich so, wie ich bin.«

Behandlungssatz: »Ich kann es immer noch nicht fassen, warum X mich damals nie wieder angerufen hat.«

Heilender Satz: »Obwohl ich ärgerlich/traurig bin, weil X mir das damals angetan hat, liebe und akzeptiere ich mich so, wie ich bin.«

Behandlungssatz: »Ich bin ärgerlich/traurig, weil X mir das damals angetan hat.«

Heilender Satz: »Obwohl ich X niemals verzeihen werde, was er mir damals getan hat, liebe und akzeptiere ich mich so, wie ich bin.«

Behandlungssatz: »Ich werde X niemals verzeihen, was er damals getan hat.«

Heilender Satz: »Obwohl ich mich schäme, dass ich X das damals angetan habe, liebe und akzeptiere ich mich so, wie ich bin.«

Behandlungssatz: »Ich schäme mich, dass ich X das damals angetan habe.«

Heilender Satz: »Obwohl ich solche Schuldgefühle meinen Kindern gegenüber habe, dass ich sie so ungerecht behandelt habe, liebe und akzeptiere ich mich so, wie ich bin.«

Behandlungssatz: »Meine Schuldgefühle meinen Kindern gegenüber, dass ich sie so ungerecht behandelt habe.«

Heilender Satz: »Obwohl ich so traurig bin, weil ich meine Kinder (meinen Sohn/meine Tochter) so ungerecht behandelt habe, liebe und akzeptiere ich mich so, wie ich bin.«

Behandlungssatz: »Meine Traurigkeit, weil ich meine Kinder (meinen Sohn/meine Tochter) so ungerecht behandelt habe.«

Heilender Satz: »Obwohl ich eine Mordswut auf meine früheren Arbeitskollegen habe, weil sie mich gemobbt haben, liebe und akzeptiere ich mich so, wie ich bin.«

Behandlungssatz: »Meine Mordswut auf meine früheren Arbeitskollegen, weil sie mich gemobbt haben.«

Heilender Satz: »Obwohl ich so traurig bin, weil ich damals diesen Unfall hatte, liebe und akzeptiere ich mich so, wie ich bin.«

Behandlungssatz: »Meine Traurigkeit, weil ich damals diesen Unfall hatte.«

Heilender Satz: »Obwohl ich dieses Schuldgefühl habe, weil ich diesen Unfall hatte, liebe und akzeptiere ich mich so, wie ich bin.«

❧ Behandlungssatz: »Mein Schuldgefühl, weil ich diesen Unfall hatte.«

❧ Heilender Satz: »Obwohl ich immer noch geschockt bin, weil ich damals von der Leiter gefallen bin, liebe und akzeptiere ich mich so, wie ich bin.«

❧ Behandlungssatz: »Ich bin immer noch geschockt, weil ich damals von der Leiter gefallen bin.«

Wie gesagt: Wichtig ist, dass Sie Sätze finden, die Ihren ganz persönlichen Erlebnissen so genau wie möglich entsprechen.

Den ganzen Prozess können Sie mit Wahlsätzen zusätzlich abrunden:

»Ich wähle, mit X Frieden zu schließen.«

»Ich wähle, X für das, was er mir angetan hat, zu verzeihen.«

»Ich wähle, mir zu vergeben, dass ich damals diesen Unfall hatte.«

»Ich wähle, mir zu vergeben, dass ich das damals gemacht habe.«

»Ich wähle, mit meiner ganzen Energie im Hier und Jetzt zu leben.«

»Ich wähle, mein Leben mit der Kraft der Liebe zu füllen.«

»Ich wähle, ab sofort die Vergangenheit vollständig loszulassen.«

Schluss mit dem Gejammer!

Also gut, Sie sind ein ganz besonderer Fall. Sie sind der-/diejenige, der/die die einzige Niete aus der großen Glückstrommel des Lebens gezogen hat. Glückwunsch: In puncto Selbstmitleid sind Sie eine echte Fach- und Führungskraft. Geradezu bewundernswert, welche schöpferische Geisteskraft Sie auf die Ausgestaltung Ihres persönlichen Elends verwenden.
Da stimmt das Wetter nicht, da zwackt die Hose, da ist der Sohn krank, die Kinder kommen in die Pubertät, der Mann ist nie zu Hause, weil er so viel arbeitet, das Geld reicht nicht, in der Politik sind sowieso alles Verbrecher. Kurz: Das Leben ist richtig schlecht zu Ihnen. Sie können diese Aufzählung übrigens ganz nach Gusto verlängern, falls Sie mögen.
Oder es auch bleiben lassen, wenn Ihnen Ihr ständiges Lamentieren schon selbst auf den Wecker fällt. Also: lieber klopfen als jammern.

❧ Heilender Satz: »Obwohl ich so gerne jammere, liebe und akzeptiere ich mich so, wie ich bin.«

❧ Behandlungssatz: »Ich jammere so gerne.«

❧ Heilender Satz: »Obwohl ich mich selbst so sehr bedauere, liebe und akzeptiere ich mich so, wie ich bin.«

❧ Behandlungssatz: »Ich bedauere mich selbst so sehr.«

❧ Heilender Satz: »Obwohl ich mir gar nicht vorstellen kann, nicht zu jammern, liebe und akzeptiere ich mich so, wie ich bin.«

❧ Behandlungssatz: »Ich kann mir gar nicht vorstellen, nicht zu jammern.«

❧ Heilender Satz: »Obwohl ich mir selbst so Leid tue, weil ich so ein hartes Leben habe, liebe und akzeptiere ich mich so, wie ich bin.«

❧ Behandlungssatz: »Ich tue mir selbst so Leid, weil ich so ein hartes Leben habe.«

❧ Heilender Satz: »Obwohl ich Angst habe, dass mich keiner mehr beachtet, wenn ich nicht mehr jammere, liebe und akzeptiere ich mich so, wie ich bin.«

❧ Behandlungssatz: »Ich habe Angst, dass mich keiner mehr beachtet, wenn ich nicht mehr jammere.«

❧ Heilender Satz: »Obwohl ich Angst habe, dass ich nicht weiß, was ich erzählen soll, wenn ich nicht mehr jammere, liebe und akzeptiere ich mich so, wie ich bin.«

❧ Behandlungssatz: »Ich habe Angst, dass ich nicht

weiß, was ich erzählen soll, wenn ich nicht mehr jammere.«

Wenn Sie den Zustand des Selbstmitleids verlassen haben, festigen Sie die höhere Ebene, die Sie neu erreicht haben, durch Wahlsätze wie die folgenden:
»Ich wähle, meine innere Stärke wahrzunehmen.«
»Ich wähle, meine innere Stärke zuzulassen.«
»Ich wähle, meiner inneren Stärke zu gestatten, dass sie wächst.«
»Ich wähle zu wissen, dass ich nur durch mein Sein für andere interessant bin.«
»Ich wähle zu wissen, dass sich mir neue Gesprächsthemen eröffnen werden.«
»Ich wähle anzuerkennen, dass auch andere Menschen bedürftig sind.«
»Ich wähle, mich auch um die Sorgen anderer Menschen zu kümmern.«
»Ich wähle, die Schönheit des Lebens zu erkennen und zuzulassen.«
»Ich wähle, voller Mitgefühl für mich und andere zu sein.«

Ihr kreatives Potenzial stärken

Vieles von dem, was Sie bislang davon abgehalten hat, Ihr Leben zu genießen und seinem Fluss zu vertrauen, haben Sie nun beseitigt. Jetzt haben Sie eigentlich nur noch einen Wunsch: Sie wären gern kreativ.
Nun könnten wir es uns ganz leicht machen und Ihnen antworten: Aber Sie sind es doch schon längst. Und diese Entgegnung würde vollkommen der Wahrheit entsprechen. Jede kindliche Notlüge, jedes abgewandelte Kochrezept, jedes liebevoll ausgesuchte Geschenk, das Sie jemandem machen, waren und sind Ausdruck der Ihnen innewohnenden Schöpferkraft, die Sie Tag für Tag nutzen, um sich Ihr Leben zu gestalten. Denn wie hätten Sie jemals auch nur das kleinste Problem lösen können, ohne kreativ zu sein?
Ersetzen Sie das heutzutage viel strapazierte Wort »Kreativität« doch einmal durch Begriffe wie »Phantasie«, »Experimentierfreude«, »Improvisationstalent« oder »Ein-

fallsreichtum«. Na, wie fühlt sich das an? Wenn Sie Ihr Leben unter diesem Blickwinkel betrachten, werden auch Sie – ganz objektiv – feststellen, dass Sie vor Ideen geradezu übersprudeln und ständig dabei sind, der Gegenwart Ihren ganz individuellen Stempel aufzudrücken.

Na gut, können Sie uns jetzt entgegnen. Das meinte ich doch aber gar nicht. Ich will *wirklich* kreativ sein, also im künstlerischen Bereich.

Gegenfrage: Warum sind Sie es dann nicht? Warum singen Sie nicht, warum schreiben Sie keine Kurzgeschichte, warum komponieren Sie keine Lieder, malen keine Bilder, choreographieren nicht?

Warum fangen Sie nicht einfach an?

Bekennen Sie sich zu Ihrer Schaffenskraft

Sie sind der Meinung, überhaupt nicht kreativ zu sein?

❦ Heilender Satz: »Obwohl ich der Meinung bin, überhaupt nicht kreativ zu sein, liebe und akzeptiere ich mich so, wie ich bin.«

❦ Behandlungssatz: »Ich bin der Meinung, überhaupt nicht kreativ zu sein.«

❦ Heilender Satz: »Obwohl ich einfach keine Ideen habe, liebe und akzeptiere ich mich so, wie ich bin.«

❦ Behandlungssatz: »Ich habe einfach keine Ideen.«

Lautet Ihre Überzeugung: Ich kann das nicht?

❦ Heilender Satz: »Obwohl ich nicht malen (singen, musizieren) kann, liebe und akzeptiere ich mich so, wie ich bin.«

Behandlungssatz: »Ich kann nicht malen (singen, musizieren).«

Sind in Ihrer Familie »alle völlig unkreativ« (beispielsweise »unmusikalisch«)?

Heilender Satz: »Obwohl ich der Meinung bin, dass in unserer Familie alle völlig unmusikalisch sind, liebe und akzeptiere ich mich so, wie ich bin.«

Behandlungssatz: »Ich bin der Meinung, dass in unserer Familie alle völlig unmusikalisch sind.«

Hat sich Ihre Mutter immer über Ihre Bilder lustig gemacht?

Heilender Satz: »Obwohl sich meine Mutter immer über meine Bilder lustig gemacht hat, liebe und akzeptiere ich mich so, wie ich bin.«

Behandlungssatz: »Meine Mutter hat sich immer über meine Bilder lustig gemacht.«

Ihre Lehrerin hat Ihnen immer gesagt, dass Sie falsch singen?

Heilender Satz: »Obwohl meine Lehrerin mir immer gesagt hat, dass ich nicht singen könne, liebe und akzeptiere ich mich so, wie ich bin.«

Behandlungssatz: »Meine Lehrerin hat mir immer gesagt, ich könne nicht singen.«

Alle haben Sie ausgelacht, wenn Sie ein eigenes Gedicht vortrugen?

Heilender Satz: »Obwohl mich alle ausgelacht haben, wenn ich ein eigenes Gedicht vortrug, liebe und akzeptiere ich mich so, wie ich bin.«

Behandlungssatz: »Alle haben mich damals ausgelacht, wenn ich ein eigenes Gedicht vortrug.«
Der Lehrer/die Lehrerin hat Ihre Aufsätze immer schlecht benotet, weil die Phantasie mit Ihnen durchgegangen war?
Heilender Satz: »Obwohl ich immer so schlechte Noten für meine Aufsätze bekommen habe, liebe und akzeptiere ich mich so, wie ich bin.«
Behandlungssatz: »Ich habe immer so schlechte Noten für meine Aufsätze bekommen.«
Heilender Satz: »Obwohl ich traurig/ärgerlich/wütend bin, dass ich meine Kreativität nie leben durfte, liebe und akzeptiere ich mich so, wie ich bin.«
Behandlungssatz: »Ich bin traurig/ärgerlich/wütend, dass ich meine Kreativität nie leben durfte.«
Heilender Satz: »Obwohl ich ärgerlich auf meine Eltern bin, weil ich mich nicht frei entfalten durfte, liebe und akzeptiere ich mich so, wie ich bin.«
Behandlungssatz: »Mein Ärger auf meine Eltern, weil ich mich nicht frei entfalten durfte.«
Heilender Satz: »Obwohl ich Angst habe, dass andere Menschen sich über meine Kreativität lustig machen, liebe und akzeptiere ich mich so, wie ich bin.«
Behandlungssatz: »Meine Angst, dass sich andere Menschen über meine Kreativität lustig machen.«
Heilender Satz: »Obwohl ich mich schäme, etwas vorzutragen, liebe und akzeptiere ich mich so, wie ich bin.«

✤ Behandlungssatz: »Meine Scham, etwas vorzutragen.«

❀ Heilender Satz: »Obwohl ich Angst habe, mich wieder zu blamieren, wenn ich etwas Eigenes vortrage, liebe und akzeptiere ich mich so, wie ich bin.«

✤ Behandlungssatz: »Meine Angst, mich wieder zu blamieren, wenn ich etwas Eigenes vortrage.«

Lassen Sie Ihrer Kreativität freien Lauf, um eigene Themen zu finden beziehungsweise Sätze zu bilden.

Nachdem Sie jetzt alle diese Stolpersteine aus dem Weg geräumt haben, ist es Zeit, Ihre Kreativität weiter zu nähren. Dazu schlagen wir folgende Wahlsätze vor:

»Ich wähle, ab sofort den Mut zu haben, meine Ideen zu äußern.«

»Ich wähle, ab sofort den Mut zu haben, meine Ideen in die Tat umzusetzen.«

»Ich wähle, ab sofort jede Tat als Akt meiner Kreativität anzuerkennen.«

»Ich wähle, jeden Tag ein bisschen kreativer zu werden.«

»Ich wähle, ab sofort für jedes Problem eine Lösung zu finden.«

»Ich wähle, ab sofort zu wissen, dass ich ein kreatives Wesen bin.«

»Ich wähle, mich ab sofort zu entscheiden, meine ganze Kreativität zu leben.«

»Ich wähle, mir ab sofort meiner Schöpferkraft bewusst zu werden.«

»Ich wähle, ab sofort meine Kreativität zu genießen.«

»Ich wähle, mir meiner Talente und Fähigkeiten bewusst zu werden.«
»Ich wähle, mich von meiner natürlichen Kreativität jeden Tag aufs Neue überraschen zu lassen.«
»Ich wähle, ab sofort zu wissen, dass mein Ideenreichtum endlos ist.«
»Ich wähle, mich ab sofort als schöpferisches Wesen zu ehren und zu lieben.«
»Ich wähle, mich ab sofort mit dem Quell meiner Inspiration zu verbinden.«
»Ich wähle, ab sofort vor Ideen nur so zu sprudeln.«

Beziehungen zu anderen Menschen

Liebe und Partnerschaft

Lassen Sie uns jetzt über ein Thema sprechen, das uns und Ihnen aller Wahrscheinlichkeit nach auch – buchstäblich – besonders am Herzen liegt: jene facettenreiche Beziehung zu der einen ganz besonderen Frau, dem einen ganz besonderen Mann, die wir Liebe nennen.
Wo wir auch hinschauen, welche Epoche wir betrachten: Immer und überall scheinen die Menschen in Paaren zueinander zu finden. Das ist natürlich kein Zufall, auch wenn die Wissenschaft lange gebraucht hat, um das Geheimnis der Liebe – wenigstens teilweise – zu entschlüsseln. Die Hirnforschung lässt heute keinen vernünftigen Zweifel mehr daran, dass wir Menschen (nebenbei bemerkt auch viele Tiere, in erster Linie die Säuger) konstitutionell so ausgestattet sind, dass wir uns beinahe zwangsläufig voneinander angezogen fühlen, uns verlieben und eine Paarbindung eingehen. Von den Irrungen und Wirrungen, in die wir uns dabei verstricken, handelt ein Großteil der Literatur, des Liedgutes und der bildenden Kunst der ganzen Welt.

Jede Liebe ist einzigartig. Und doch folgt sie geheimen Gesetzen: Auch wenn sie uns in der Praxis immer wieder dem Wahnsinn nahe bringt und uns durch die Hölle schickt, das alles ist von der Natur äußerst klug, ökonomisch und rational eingerichtet. Wenn wir uns bis über die Ohren verknallen, jeden Widersacher aus dem Feld schlagen, um das Objekt der Begierde zu erobern, eventuell sogar heiraten, eine gemeinsame Steuererklärung abgeben und an Scheidung nicht zu denken wagen, bevor die Kinder aus dem Gröbsten raus sind, so folgen wir damit unbewusst einem uralten Gefühls- und Verhaltensprogramm, das im Kern seit den Anfängen der Menschheit in uns wohnt. (Und erst seit relativ kurzer Zeit beginnt, an den Rändern auszufransen: Heutzutage kommt es nur deshalb zu so vielen Scheidungen, weil sie materiell und finanziell »machbar« geworden sind, doch dazu später mehr.)

Nüchtern betrachtet besteht die Liebe aus drei zeitlich aufeinander folgenden Komponenten: 1. erotisch-sexuelle Anziehung, 2. Verliebtheit, 3. Bindung. (Und hier die gute Nachricht: Wenn Sie und Ihr Partner/Partnerin etwas dafür tun, bleibt auch in späteren Jahren einiges vom unwiderstehlichen Zauber der ersten Phasen erhalten.) Der *Sexualtrieb* war offensichtlich die Voraussetzung dafür, dass die Menschheit nicht ausstarb. Die *Verliebtheit* trug zur genetischen Optimierung bei und sorgte darüber hinaus dafür, dass sich unsere Vorfahren so lange voneinander angezogen fühlten, dass es auch tatsächlich zur Befruchtung kam. Die dritte Phase – *Geborgenheit und stille Zufriedenheit* anstelle der erotischen Raserei – schließlich war dafür da, Verhältnisse zu schaffen, in denen der Nachwuchs einigermaßen sicher und behütet aufwachsen konnte. Und damit unsere Gattung nicht irgendwann einmal damit aufhört, macht das Ganze immer wieder wahnsinnigen Spaß. So dreht sich das Rad weiter. Und der Rest ist Kultur.

Der göttliche Wahnsinn

Wenn Sie gegenwärtig rasend verliebt sind und dieses Glück auf Gegenseitigkeit beruht, können wir Ihnen nicht helfen. (Und Sie haben dann wahrscheinlich auch Vergnüglicheres zu tun als ein Buch zu lesen.)
Es ist aber auch überhaupt nicht nötig. Sie werden Ihr Telefon immer wieder so lange beschwörend anstarren, bis es endlich klingelt und ER (oder SIE) anruft. Sie beide werden die Nacht zum Tag machen, nur Augen füreinander haben und auf uns normal Sterbliche nicht angewiesen sind. Genießen Sie es. Kosten Sie jeden Moment aus. Und freuen Sie sich gemeinsam auf die Zukunft.

Und wir?

Wir beide lieben uns seit 21 Jahren und haben uns vor 20 Jahren getraut, eine Familie zu gründen und ein gemeinsames Leben zu beginnen. Auch bei uns fing alles mit einer verrückten Liebesgeschichte an. Aus dem ersten zaghaften Kennenlernen wurde schnell eine so tiefe

Vertrautheit, dass wir ein Jahr später den Wunsch hatten zu heiraten. Ja, und nach und nach kamen die Kinder mit all den Problemen, die das Gründen einer Familie so mit sich bringt. Dass wir auch heute, nach 20 Jahren Ehe, so glücklich und verliebt sind, haben wir mit Sicherheit der Tatsache zu verdanken, dass wir uns den schwierigen Momenten der Ehe immer gestellt haben. Dadurch gehören wir heute zu den Glücklichen, die zwar auch Höhepunkte und Tiefebenen kennen, ihre Gemeinsamkeit aber um nichts in der Welt missen mögen. Unser Rezept? Humor, Vertrauen, Ehrlichkeit, gegenseitiger Respekt, ein ausgewogenes Verhältnis von Nähe und Distanz, Offenheit und Gesprächsbereitschaft. Wir lernen miteinander und genießen es, dass auch unsere Kinder gern mit uns zusammen sind. In den letzten Jahren ist natürlich noch etwas Entscheidendes hinzugekommen. Wann immer irgendwelche Irritationen entstehen, beklopfen wir sie, damit Verhärtungen oder Missverständnisse zwischen uns gar nicht erst entstehen. Dadurch hat unsere Ehe eine ganz neue Dynamik und Dimension erfahren.

Es mag Ihnen vielleicht merkwürdig vorkommen, dass man MET auch im zwischenmenschlichen Bereich einsetzen kann, um Konflikte zu bearbeiten oder Blockaden aufzulösen. Aber glauben Sie uns, es wirkt. Am besten, Sie probieren es selbst einmal aus. Der Ansatzpunkt ist dabei natürlich nie das Verhalten des anderen, das einem nicht passt, *sondern das Empfinden, das dadurch bei Ihnen selbst ausgelöst wird.*

Im Verlaufe dieses Kapitels werden wir Sie noch mit einigen praktischen Beispielen vertraut machen. Aber lassen Sie uns vielleicht am besten am Anfang anfangen: dem Beginn einer Partnerschaft beziehungsweise den Vorbereitungen, die Sie selbst treffen können, um mit einem anderen Menschen glücklich zu werden.

Was der Liebe im Weg steht – Machen Sie reinen Tisch

Kein erwachsener Mensch ist, wir haben es anderenorts bereits erwähnt, ein unbeschriebenes Blatt. Und so vorbehaltlos, wie wir uns als Jugendliche in die erste Liebe gestürzt haben, werden wir spätere Beziehungen wohl nicht mehr eingehen. Wir haben unsere Erfahrungen gemacht. Die allerdings begleiten uns wie ein Schatten und können die Suche nach einem neuen Partner erheblich belasten. Bevor man eine neue Bindung eingeht, ist es daher wichtig, mit allen früheren Liebschaften hundertprozentig abzuschließen und alle eventuellen emotionalen Anhaftungen abzustreifen.

Stellen Sie sich vor, Ihr Verflossener hätte Sie verlassen. Natürlich hat Sie das gekränkt, verletzt und enttäuscht. Und vielleicht hat es Sie auch traurig und wütend gemacht. Vor allem aber werden Sie Angst haben, dass Ihnen das mit dem Nächsten wieder passieren könnte. Schauen Sie also, welche Gefühle da noch lauern. Trauer, Ärger, Zorn, vielleicht Hass? Oder haben Sie insgeheim Sehnsucht nach Ihrem Ex und die leise Hoffnung, es könnte vielleicht doch noch etwas daraus werden?

Machen Sie reinen Tisch. Beklopfen Sie Ihre Gefühle, damit Sie sozusagen bei null anfangen können. Gehen Sie all Ihre Verflossenen durch, und schauen Sie, ob und wenn ja, welche emotionalen Bindungen heute noch bestehen. Das könnte etwa so aussehen:

- Heilender Satz: »Obwohl ich noch enttäuscht/traurig/verletzt bin, dass mich ... damals verlassen hat, liebe und akzeptiere ich mich so, wie ich bin.«
- Behandlungssatz: »Meine Enttäuschung/Traurigkeit/Verletztheit, dass mich ... damals verlassen hat.«
- Heilender Satz: »Obwohl ich immer noch ärgerlich/wütend auf ... bin, weil er mich damals verlassen hat, liebe und akzeptiere ich mich so, wie ich bin.«
- Behandlungssatz: »Mein Ärger/Wut, dass mich ... damals verlassen hat.«
- Heilender Satz: »Obwohl ich immer noch ärgerlich/wütend auf ... bin, weil er mich damals betrogen hat, liebe und akzeptiere ich mich so, wie ich bin.«
- Behandlungssatz: »Mein Ärger/Wut, dass mich ... damals betrogen hat.«

Bei diesem Prozess spielt es keine Rolle, wer seinerzeit die »Schuld« hatte. Entscheidend sind lediglich die Gefühle, die heute noch bei Ihnen existieren. Denkbar wäre also auch, dass Sie sich beklopfen und dabei etwa mit folgenden Sätzen arbeiten:

- Heilender Satz: »Obwohl ich immer noch Schuldgefühle habe, weil ich ... verlassen habe, liebe und akzeptiere ich mich so, wie ich bin.«

❧ Behandlungssatz: »Meine Schuldgefühle, weil ich … damals verlassen habe.«

Der Mensch lernt sein Leben lang. Und Lernen bedeutet, seine Erfahrungen auszuwerten. Neben vielen angenehmen gibt es aber häufig auch schmerzhafte Erfahrungen. Beispielsweise haben Sie die Erfahrung gemacht, dass Sie von Ihrem Partner/Ihrer Partnerin betrogen worden sind. Sie sind gekränkt, verletzt und sauer. Zu diesen belastenden Emotionen gesellt sich häufig so ein Glaubenssatz. Der könnte, um bei unserem obigen Beispiel zu bleiben, lauten: Männer sind Schweine. Oder: Alle Frauen sind so gemein. Oder: Beziehungen tun einem letztlich doch nur weh.
Die Krux an solchen Überzeugungen und Glaubenssätzen ist, dass sie Ihre gegenwärtige Realität prägen und wie eine sich selbst erfüllende Prophezeiung wirken. Wenn Sie den Glaubenssatz haben: Männer sind alle gewalttätig!, werden Sie genau diese Erfahrung machen. Denn aufgrund Ihrer Überzeugung werden Sie immer nur solche Männer kennen lernen. Erst wenn Sie diesen Glaubenssatz beklopfen, löst sich die Resonanz zu diesem morphischen Feld auf und Sie können sich mit einem neuen verbinden.
Daher ist es so wichtig, dass Sie genau überprüfen, welche Glaubenssätze Sie entwickelt haben. Das ist nicht immer einfach, und manchmal werden Sie ganz schön buddeln müssen. Es lohnt sich aber.
Finden Sie heraus, welche Glaubenssätze Sie über Frauen

beziehungsweise Männer im Allgemeinen haben und was Sie aufgrund Ihrer Überzeugungen von einer Bindung, Ehe oder Partnerschaft erwarten. Also, rücken Sie Ihren Glaubenssätzen zu Leibe und lösen Sie sie auf.

❧ Heilender Satz: »Obwohl ich glaube, dass Männer Schweine sind, liebe und akzeptiere ich mich so, wie ich bin.«

❧ Behandlungssatz: »Mein Glaube, dass Männer Schweine sind.«

❧ Heilender Satz: »Obwohl ich glaube, dass Mann und Frau sich nie verstehen werden, liebe und akzeptiere ich mich so, wie ich bin.«

❧ Behandlungssatz: »Mein Glaube, dass Mann und Frau sich nie verstehen werden.«

❧ Heilender Satz: »Obwohl ich glaube, dass Männer/Frauen blöd sind, liebe und akzeptiere ich mich so, wie ich bin.«

❧ Behandlungssatz: »Mein Glaube, dass Männer/Frauen blöd sind.«

❧ Heilender Satz: »Obwohl ich glaube, dass Männer Frauen irgendwann immer betrügen werden, liebe und akzeptiere ich mich so, wie ich bin.«

❧ Behandlungssatz: »Mein Glaube, dass Männer Frauen irgendwann immer betrügen werden.«

❧ Heilender Satz: »Obwohl ich glaube, dass Männer und Frauen nie glücklich miteinander sein können, liebe und akzeptiere ich mich so, wie ich bin.«

❧ Behandlungssatz: »Mein Glaube, dass Männer und Frauen nie glücklich miteinander sein können.«

❧ Heilender Satz: »Obwohl ich glaube, dass Frauen nichts taugen, liebe und akzeptiere ich mich so, wie ich bin.«
❧ Behandlungssatz: »Mein Glaube, dass Frauen nichts taugen.«
❧ Heilender Satz: »Obwohl ich glaube, dass die Ehe ein Gefängnis ist, liebe und akzeptiere ich mich so, wie ich bin.«
❧ Behandlungssatz: »Mein Glaube, dass die Ehe ein Gefängnis ist.«

Auch Schwüre beziehungsweise Absichtserklärungen lassen sich mit MET neutralisieren:

»Ich werde mich nie wieder auf einen Mann/eine Frau einlassen.«
❧ Heilender Satz: »Obwohl ich mich nie wieder auf einen Mann/eine Frau einlassen werde, liebe und akzeptiere ich mich so, wie ich bin.«
❧ Behandlungssatz: »Ich werde mich nie wieder auf einen Mann/eine Frau einlassen.«
»Ich werde nie wieder eine Frau (beziehungsweise einen Mann) so nahe an mich heranlassen.«
❧ Heilender Satz: »Obwohl ich nie wieder einen Mann/eine Frau so nahe an mich heranlassen werde, liebe und akzeptiere ich mich so, wie ich bin.«
❧ Behandlungssatz: »Ich werde nie wieder einen Mann/eine Frau so nahe an mich heranlassen.«
»Ich werde mich nie wieder so intensiv auf eine Partnerschaft einlassen, wie ich es mit XY getan habe.«

❧ Heilender Satz: »Obwohl ich mich nie wieder so intensiv auf eine Partnerschaft einlassen werde, wie ich es mit XY getan habe, liebe und akzeptiere ich mich so, wie ich bin.«

❧ Behandlungssatz: »Ich werde mich nie wieder auf eine Partnerschaft so intensiv einlassen, wie ich es mit XY getan habe.«

Vielleicht haben Sie jetzt Lust bekommen, noch einen Schritt weiter in die Tiefe zu gehen und zu ermitteln, warum Sie eigentlich überhaupt eine Partnerschaft eingehen wollen. Wir halten das für sehr empfehlenswert. Denn viele Menschen sehnen sich nach einer Liebesbindung, weil sie ihrer Einsamkeit entfliehen möchten. Und das kann nicht funktionieren, verbirgt sich dahinter doch die Überzeugung, allein unvollständig zu sei. Und eine solche Bedürftigkeit wirkt auf andere wenig anziehend. Ganz abgesehen davon, dass keine Liebe so groß, keine Partnerschaft so vertraut sein kann, als dass es ihr möglich wäre, dieses Gefühl der existenziellen Einsamkeit zu heilen. Fangen Sie also auch hier gleich an zu klopfen.

❧ Heilender Satz: »Obwohl ich mich so einsam fühle, liebe und akzeptiere ich mich so, wie ich bin.«

❧ Behandlungssatz: »Ich fühle mich so einsam.«

Während Sie dieses Gefühl der Einsamkeit klopfen, kann es sein, dass sich ein Gefühl der Traurigkeit einstellt. Dieses beklopfen Sie dann ebenfalls.

Heilender Satz: »Obwohl ich so traurig bin über meine Einsamkeit, liebe und akzeptiere ich mich so, wie ich bin.«

Behandlungssatz: »Ich bin so traurig über meine Einsamkeit.«

Heilender Satz: »Obwohl ich glaube, dass ich nur mit einem Partner vollständig und glücklich sein kann, liebe und akzeptiere ich mich so, wie ich bin.«

Behandlungssatz: »Mein Glaube, dass ich nur mit einem Partner vollständig und glücklich sein kann.«

Kommen in diesem Zusammenhang weitere Dinge zum Vorschein, dann können Sie auch diese beklopfen. Mögliche Themen sind die Überzeugungen:

»Meine Eltern haben mich immer allein gelassen.«

Behandlungssatz: »Meine Traurigkeit darüber, dass mich meine Eltern immer allein gelassen haben.«

»Ich war überhaupt immer so viel allein.«

Behandlungssatz: »Meine Traurigkeit, dass ich immer so viel allein war.«

Bleiben Sie wachsam für weitere Themen und klopfen Sie diese gegebenenfalls ebenso.

Die Angst vor der Liebe

Jetzt wären Sie eigentlich bereit für das große Abenteuer der Liebe. Aber dafür müssten Sie zunächst jemanden kennen lernen. Und schon beim Gedanken daran stellt sich Angst ein? Klopfen!

Heilender Satz: »Obwohl ich Angst habe, keinen Partner (Partnerin, große Liebe, Traummann/Traumfrau) zu finden, liebe und akzeptiere ich mich so, wie ich bin.«

❧ Behandlungssatz: »Meine Angst, keinen Partner (Partnerin, meine große Liebe, meinen Traummann/Traumfrau) zu finden.«

❦ Heilender Satz: »Obwohl ich Angst habe, jemanden anzusprechen, liebe und akzeptiere ich mich so, wie ich bin.«

❧ Behandlungssatz: »Meine Angst, jemanden anzusprechen.«

❦ Heilender Satz: »Obwohl ich Angst habe, zurückgewiesen zu werden, liebe und akzeptiere ich mich so, wie ich bin.«

❧ Behandlungssatz: »Meine Angst, zurückgewiesen zu werden.«

❦ Heilender Satz: »Obwohl ich nicht weiß, wo ich einen Partner (Partnerin, meine große Liebe, meinen Traummann/Traumfrau) finden kann, liebe und akzeptiere ich mich so, wie ich bin.«

❧ Behandlungssatz: »Ich weiß nicht, wo ich einen Partner (Partnerin, meine große Liebe, meinen Traummann/Traumfrau) finden kann.«

❦ Heilender Satz: »Obwohl ich so schüchtern bin, liebe und akzeptiere ich mich so, wie ich bin.«

❧ Behandlungssatz: »Meine Schüchternheit.«

❦ Heilender Satz: »Obwohl ich mir gar nicht vorstellen kann, einen Partner (Partnerin, meine große Liebe, meinen Traummann/Traumfrau) zu finden, liebe und akzeptiere ich mich so, wie ich bin.«

☙ Behandlungssatz: »Ich kann mir nicht vorstellen, einen Partner (Partnerin, meine große Liebe, meinen Traummann/Traumfrau) zu finden.«

Es gibt jedoch auch den umgekehrten Fall: die Angst, tatsächlich eine Liebe zu finden und sich auf die Unwägbarkeiten der Partnerbindung einzulassen. Bei dieser Problematik empfehlen sich Behandlungssätze wie die folgenden:

❊ Heilender Satz: »Obwohl ich Angst habe, einen Partner (Partnerin, meine große Liebe, meinen Traummann/Traumfrau) zu finden, liebe und akzeptiere ich mich so, wie ich bin.«

❊ Heilender Satz: »Obwohl ich Angst vor einer Partnerschaft habe, liebe und akzeptiere ich mich so, wie ich bin.«

☙ Behandlungssatz: »Meine Angst vor einer Partnerschaft.«

❊ Heilender Satz: »Obwohl ich Angst vor den Problemen einer Partnerschaft habe, liebe und akzeptiere ich mich so, wie ich bin.«

☙ Behandlungssatz: »Meine Angst vor einer Partnerschaft.«

❊ Heilender Satz: »Obwohl ich Angst habe, dass mich eh keiner will/liebt/lieben kann, liebe und akzeptiere ich mich so, wie ich bin.«

☙ Behandlungssatz: »Meine Angst, dass mich eh keiner will/liebt/lieben kann.«

Wenn Sie nun freudig und gelassen die innere Überzeugung verspüren, dass sich der richtige Partner, die richtige Partnerin zur rechten Zeit einstellen wird, sind Sie schon ein großes Stück weiter gekommen. Sie befinden sich jetzt nämlich im entspannten Zustand des Vertrauens und der Zuversicht. Und dann kann eigentlich gar nichts mehr schief gehen. Wir drücken Ihnen jedenfalls kräftig die Daumen.

Meinungsverschiedenheiten – Streiten mit Herz und Verstand

Es kann Wochen dauern oder auch Monate, bis es so weit kommt, aber in gesunden, erwachsenen Liebesbeziehungen lässt es sich auf Dauer nicht vermeiden: Es treten Meinungsverschiedenheiten auf, und das ist auch gut so. Jeder Mensch ist ein Individuum mit seinen eigenen Interessen, Ansichten, Wünschen und Bedürfnissen. Diese müssen zum Ausdruck gebracht und »verhandelt« werden (dürfen). Und im Grunde sind solche Differenzen auch eine Riesenchance, sich und den Partner näher kennen zu lernen und die Verbindung lebendig zu halten. (Dass es Liebschaften gibt, in denen der erste Streit geradezu herbeigesehnt wird, weil die Versöhnung hinterher so schön ist, steht auf einem anderen Blatt.)
Brechen wir also eine Lanze für die faire Auseinandersetzung zwischen mündigen Liebenden. Denn was wäre die Alternative? Auf Dauer ist es für keinen von beiden tragbar, um des lieben Friedens willen immer nachzugeben oder so zu tun, als ob alles in Ordnung sei. Es bringt

einfach nichts, sich zu verleugnen, nur um sich nicht in die Wolle zu kriegen und die Illusion des Einsseins aufrechtzuerhalten. Dabei bauen sich so viele Aggressionen auf, dass die Beziehung irgendwann eines stillen Todes der inneren Aushöhlung stirbt oder einer davonläuft, mitunter sang- und klanglos und für den anderen überhaupt nicht nachvollziehbar.

Wenn ein Paar nach einem Vierteljahrhundert auseinander geht, dann ist in der Regel nicht *das* die Katastrophe. Die eigentliche Tragödie war die lange Zeit davor. Wie viele Missverständnisse, unausgesprochene Kompromisse, stumme Verwundungen und falsche Rücksichtnahmen müssen der Trennung vorangegangen sein! Irgendwann war das Maß dann voll, und es rächte sich bitterlich, dass man jahrelang geschwiegen und seinen Ärger runtergeschluckt hatte.

Es gibt zwei weit verbreitete Streit»modelle«: Beide Partner schreien sich an oder er schreit und sie schmollt (weint; läuft weg). Meistens werden Vorwürfe und Anklagen erhoben. Diese Art der Auseinandersetzung ist nicht nur unproduktiv, sondern demonstriert auch hervorragend, wie sehr wir Menschen mitunter in alten Mustern gefangen sind. Aus unseren Paar- und Familientherapien kennen wir diese Konfliktszenarien zur Genüge. Verhaltensregeln wie »Schlafe nie im Streit ein« können da nur wenig ausrichten, ist doch unser Verhalten geprägt durch unsere Erziehung, durch das Streitmodell unserer Eltern und letztlich durch Ängste. Wie aber könnte dann eine sachliche Aussprache aussehen? Was hindert Sie daran, Ihren Standpunkt lösungsorientiert, selbstbewusst, aber ohne dass der andere dabei verletzt wird, zu vertreten? Wie können auch Sie Ihre persönliche Konfliktfähigkeit herstellen oder verbessern? Auch hier haben wir wieder verschiedene mögliche Aspekte für Sie zusammengestellt:

Ängste

Angst, Ihre Meinung zu äußern

❀ Heilender Satz: »Obwohl ich Angst habe, meine Meinung zu sagen, liebe und akzeptiere ich mich so, wie ich bin.«

❦ Behandlungssatz: »Meine Angst, eine eigene Meinung zu vertreten.«

Angst vor Konflikten

❀ Heilender Satz: »Obwohl ich dermaßen Angst vor Konflikten habe, liebe und akzeptiere ich mich so, wie ich bin.«

❦ Behandlungssatz: »Meine Angst vor Konflikten.«

Angst, sich gegenüber Ihrem Mann/Ihrer Frau zu behaupten

❀ Heilender Satz: »Obwohl ich solche Angst habe, mich gegenüber meinem Mann/meiner Frau zu behaupten, liebe und akzeptiere ich mich so, wie ich bin.«

❦ Behandlungssatz: »Meine Angst, mich gegenüber meinem Mann/meiner Frau zu behaupten.«

Angst vor der eigenen Wut

❦ Heilender Satz: »Obwohl ich solche Angst vor meiner eigenen Wut habe, liebe und akzeptiere ich mich so, wie ich bin.«
❧ Behandlungssatz: »Meine Angst vor meiner eigenen Wut.«

Angst vor Streit, weil Sie das aus dem Elternhaus kennen

❦ Heilender Satz: »Obwohl ich Angst vor Streit mit meinem Mann/meiner Frau habe, weil meine Eltern sich auch immer gestritten haben, liebe und akzeptiere ich mich so, wie ich bin.«
❧ Behandlungssatz: »Meine Angst vor Streit mit meinem Mann/meiner Frau, weil meine Eltern sich auch immer gestritten haben.«

Angst vor Trennung

❦ Heilender Satz: »Obwohl ich Angst habe, dass wir uns trennen, wenn wir unterschiedlicher Meinung sind, liebe und akzeptiere ich mich so, wie ich bin.«
❧ Behandlungssatz: »Meine Angst, dass wir uns trennen, wenn wir unterschiedlicher Meinung sind.«

Angst, Gefühle zu zeigen

❦ Heilender Satz: »Obwohl ich Angst habe, meine Gefühle zu zeigen, liebe und akzeptiere ich mich so, wie ich bin.«
❧ Behandlungssatz: »Meine Angst, meine Gefühle zu zeigen.«

Angst, Sie könnten Ihre Worte später bereuen

❦ Heilender Satz: »Obwohl ich Angst habe, im Streit etwas zu sagen, was mir hinterher Leid tut, liebe und akzeptiere ich mich so, wie ich bin.«

Behandlungssatz: »Meine Angst, dass ich im Streit etwas sage, was mir hinterher Leid tut.«

Resignation

Sie haben längst resigniert?

Heilender Satz: »Obwohl ich in Bezug auf meinen Mann/meine Frau/meine Ehe schon längst resigniert habe, liebe und akzeptiere ich mich so, wie ich bin.«

Behandlungssatz: »Ich habe in Bezug auf meinen Mann/meine Frau/meine Ehe schon längst resigniert.«

Sie haben keine eigene Meinung?

Heilender Satz: »Obwohl ich keine eigene Meinung (mehr) habe, liebe und akzeptiere ich mich so, wie ich bin.«

Behandlungssatz: »Ich habe keine eigene Meinung.«

Sie halten ohnehin jede Mühe für vergebens?

Heilender Satz: »Obwohl ich glaube, dass das alles sowieso nichts mehr bringt, liebe und akzeptiere ich mich so, wie ich bin.«

Behandlungssatz: »Ich glaube, dass das alles sowieso nichts mehr bringt.«

Ärger, Wut, Hass

Heilender Satz: »Obwohl ich mich ständig über meinen Mann/meine Frau ärgere, liebe und akzeptiere ich mich so, wie ich bin.«

❧ Behandlungssatz: »Ich ärgere mich ständig über meinen Mann.«

❀ Heilender Satz: »Obwohl ich tierisch wütend bin auf meinen Mann/meine Frau, liebe und akzeptiere ich mich so, wie ich bin.«

❧ Behandlungssatz: »Ich bin tierisch wütend auf meinen Mann/meine Frau.«

Scham- und Schuldgefühle

❀ Heilender Satz: »Obwohl ich mich immer schuldig fühle, wenn wir uns streiten, liebe und akzeptiere ich mich so, wie ich bin.«

❧ Behandlungssatz: »Ich fühle mich schuldig, wenn wir uns streiten.«

Mögliche andere Gefühle und Überzeugungen

Kein eigener Standpunkt

❀ Heilender Satz: »Obwohl ich nie einen eigenen Standpunkt habe, liebe und akzeptiere ich mich so, wie ich bin.«

❧ Behandlungssatz: »Ich habe nie einen eigenen Standpunkt.«

Fühlen Sie sich hilflos und ausgeliefert?

❀ Heilender Satz: »Obwohl ich mich so hilflos fühle, wenn wir uns streiten, liebe und akzeptiere ich mich so, wie ich bin.«

❧ Behandlungssatz: »Ich fühle mich so hilflos, wenn wir uns streiten.«

Verzweiflung

Heilender Satz: »Obwohl ich so verzweifelt bin, wenn wir uns streiten, liebe und akzeptiere ich mich so, wie ich bin.«

Behandlungssatz: »Ich bin so verzweifelt, wenn wir uns streiten.«

Unterlegensgefühle

Heilender Satz: »Obwohl ich mich meinem Mann/meiner Frau unterlegen fühle, liebe und akzeptiere ich mich so, wie ich bin.«

Behandlungssatz: »Ich fühle mich unterlegen.«

Können Sie sich gar nicht vorstellen, wie man sich konstruktiv streitet?

Heilender Satz: »Obwohl ich mir gar nicht vorstellen kann, wie man sich konstruktiv streitet, liebe und akzeptiere ich mich so, wie ich bin.«

Behandlungssatz: »Ich kann mir gar nicht vorstellen, wie man sich konstruktiv streitet.«

Heilender Satz: »Obwohl ich immer so harmoniesüchtig bin (es nicht aushalte, wenn wir uns streiten), liebe und akzeptiere ich mich so, wie ich bin.«

Behandlungssatz: »Ich bin immer so harmoniesüchtig (halte es nicht aus, wenn wir uns streiten).«

Die MET-Partnerübung bei Konflikten

Sie können diese Themen, sofern es die Ihren sind, natürlich wie gewohnt allein für sich bearbeiten. Vielleicht haben Sie aber auch Lust, einmal etwas anderes auszuprobieren und Beziehungsprobleme mit Ihrem Partner oder Ihrer Partnerin gemeinsam zu beklopfen. In unserer langjährigen Praxis setzen wir bei Paar- und Familientherapie immer gerne folgende Übung ein, um Paare (wieder) zu einer produktiven Auseinandersetzung zu befähigen.

Hier zunächst die Spielregeln:

1. Der Partner darf nicht berührt oder angefasst werden.
2. Keiner darf den anderen unterbrechen.
3. Es werden keine Kommentare oder Meinungen zu den Äußerungen des anderen abgegeben.
4. Es wird nicht diskutiert.
5. Keiner von beiden muss sich für irgendetwas rechtfertigen.

Eine Besonderheit hat diese Übung: Der Heilende Satz wird grundsätzlich weggelassen.

Sorgen Sie zunächst dafür, dass Sie ungestört sind. Dann nehmen Sie im Abstand von zwei Metern einander gegenüber auf Stühlen oder Sesseln Platz.

Schauen Sie sich an und nehmen Sie wahr, wie Sie sich in diesem Moment mit Ihrem Partner fühlen. Teilen Sie Ihrem Partner/Ihrer Partnerin Ihr Empfinden mit und fangen Sie – *jeder für sich* – an, dieses Gefühl zu beklopfen (vielleicht: »Meine Aufregung« oder »Meine Angst vor diesem Gespräch«, was auch immer). Dabei ist es nicht wichtig, dass Sie auf die Sätze Ihres Partners/Ihrer Partnerin achten. Bleiben Sie einfach ganz bei sich.

Wenn sich Ihre Aufregung oder Angst gelegt hat, spüren Sie erneut nach. Was empfinden Sie jetzt in Bezug auf

Ihren Partner? Vielleicht sind Sie sauer auf ihn, weil er irgendetwas getan hat, das Ihnen nicht gefällt. Also teilen Sie ihm das mit und beklopfen Sie Ihren Ärger: »Ich bin sauer auf dich, weil du das und das gemacht hast.« Der Partner hört sich das lediglich an und spürt nach, was für Gefühle diese Mitteilung bei ihm auslöst. Falls er sich beispielsweise ungerecht behandelt fühlt, klopft er: »Ich fühle mich von … ungerecht behandelt.« Dann schauen Sie beide wieder, wie Sie sich jetzt miteinander fühlen, teilen es sich mit und klopfen das nächste Gefühl oder den nächsten Glaubenssatz, jeder für sich, ohne Kommentar über den anderen.

Achten Sie auf Vorwürfe wie: »Du vernachlässigst mich!«, »Du liebst mich nicht«, »Du kümmerst dich nicht genug um die Familie«, »Du hast immer nur deine Arbeit (deine Freunde, deinen Sport) im Kopf«. Wenn Sie derartige Vorwürfe bei sich wahrnehmen, spüren Sie nach, was dahintersteht, also wie Sie sich damit fühlen (traurig, ärgerlich, wütend?), und beklopfen Sie das entsprechende Gefühl. Beispiel: »Ich bin traurig, weil du immer nur deine Arbeit im Kopf hast.« »Ich bin wütend, weil ich mich vernachlässigt fühle.« »Ich bin traurig, weil ich mich von dir nicht geliebt fühle.«

Auch wenn Sie mitbekommen, dass Ihr Partner Ihnen einen Vorwurf macht (»Du kümmerst dich nicht genug um mich!«), achten Sie darauf, welche Empfindungen dadurch bei Ihnen ausgelöst werden. Kommen Schuldgefühle auf? Beklopfen Sie sie: »Meine Schuldgefühle, weil ich mich nicht genug um meine Frau kümmere.«

Es kann passieren, dass sich Ihr Ärger gegenüber Ihrem Partner/Ihrer Partnerin auflöst, sich dann aber plötzlich Ärger auf Ihre Mutter oder Ihren Vater einstellt, weil er oder sie genauso war wie Ihr Partner/Ihre Partnerin. Dann klopfen Sie diesen Ärger (oder welches Gefühl auch immer) über Ihre Mutter beziehungsweise Ihren Vater. Das Gleiche gilt, wenn Gefühle über eine vergangene Partnerschaft auftauchen wie Ärger, Wut, Trauer.

Führen Sie diese Übung so lange durch, bis Sie sich friedlich, ruhig und entspannt fühlen und ein zugewandtes, vielleicht sogar liebevolles Gefühl gegenüber Ihrem Partner/Ihrer Partnerin bemerken. Erst dann ist wieder Körperkontakt erlaubt. Und dabei wünschen wir Ihnen viel Spaß!

Wenn Sie Ihre Probleme in Bezug auf die Meinungsverschiedenheiten beklopft haben, einmal für sich allein und dann auch zusammen mit Ihrem Partner, können Sie den erreichten Zustand noch durch Wahlmöglichkeiten verstärken:

»Ich wähle, ein Recht auf eine eigene Meinung zu haben.«

»Ich wähle es zu genießen, eine eigene Meinung zu haben.«

»Ich wähle, Konflikte mit meinem(r) Partner(in) zu mögen.«

»Ich wähle zu wissen, dass Meinungsverschiedenheiten ganz natürlich sind.«

»Ich wähle, meine Bedürfnisse ab sofort wahrzunehmen und zu äußern.«
»Ich wähle, Probleme ab sofort unmittelbar anzusprechen und zu klären.«
»Ich wähle, meinem Partner ab sofort in Liebe und Achtung zu begegnen.«

Wenn Sie all diese Themen beklopft und somit aufgelöst haben, dann kann es passieren, dass Sie anfangen, sich gerne auseinander zu setzen oder einer Auseinandersetzung zumindest mit Gelassenheit zu begegnen.

Freundschaft

Wer Lust hatte, im voranstehenden Abschnitt zwischen den Zeilen zu lesen, hat bestimmt mitbekommen, dass eine gelungene, auf Dauer angelegte Liebesbeziehung nach unserem Verständnis immer auch Freundschaft beinhaltet: gleichberechtigten Austausch, die Bereitschaft, gemeinsam durch dick und dünn zu gehen, gegenseitigen Respekt, große Nähe bei sinnvoller Distanz. Doch wenn wir uns im Folgenden etwas intensiver mit Freundschaften beschäftigen, so soll damit jene Verbindung zwischen Menschen gemeint sein, die auf intimer Vertrautheit ohne erotische Verwicklungen beruht. Sie wissen schon: die beste Freundin oder »ein Freund, ein guter Freund, das ist das Schönste, was es gibt auf der Welt …«

Die Bedürfnisse, die wir an diejenigen richten, die wir Freunde nennen, variieren erheblich. Wir erinnern uns zum Beispiel beide noch gut an die Mutter einer früheren Bekannten von uns, die dreißig Jahre lang eine beste Freundin hatte, mit der sie immer per Sie blieb.

Die beiden trafen sich einmal pro Woche in einem Café, tranken ein Tässchen Tee zusammen und gingen dann wieder auseinander. Sehen Sie, nach unserem Empfinden würde eine solche Verbindung allenfalls den Tatbestand einer guten Bekanntschaft erfüllen. Doch wer weiß? Vielleicht ging für diese beiden Damen der Wunsch nach tiefer freundschaftlicher Verbundenheit genau auf diese Weise in Erfüllung. So unterschiedlich ist das von Mensch zu Mensch. Aber auch mit den verschiedenen Lebensphasen kann sich der Raum, den der Freund oder die Freundin einnimmt, verändern. In Zeiten großer Verliebtheit treten andere Beziehungen häufig in den Hintergrund. Und eine Freundschaft hat dann bereits eine große Belastungsprobe erfolgreich bestanden, wenn sie diese zeitweilige Vernachlässigung übersteht.

Doch bevor man solche Freundschaften schließen kann, muss man ja erst einmal die entsprechenden Leute kennen lernen.

Freunde finden

Liebe auf den ersten Blick mag es geben – aber Freundschaften? Sie werden einem nicht in den Schoß gelegt, sondern ergeben sich im Allgemeinen aus Bekanntschaften, die auf gemeinsamen Aktivitäten beruhen. Wenn nun also nicht zufällig Ihr Wohnungsnachbar oder ein Arbeitskollege besonders kontaktfreudig und sympathisch ist, wäre es wohl ratsam, Ihr gewohntes Umfeld zu verlassen, wenn Sie Freunde finden wollen. Vereine,

Interessengemeinschaften, Parteien – sie alle sind ja nicht nur des hehren Sachzieles wegen da, sondern bieten den Menschen auch eine Plattform, sich kennen zu lernen. Also: Was interessiert Sie? Worauf hätten Sie Lust? Wo befinden sich die Leute, von denen Sie meinen, dass sie zu Ihnen passen könnten?
Es fällt Ihnen schwer, den ersten Schritt zu machen? Mit MET haben Sie den Schlüssel zur Kontaktaufnahme schon in der Hand:

- Heilender Satz: »Obwohl ich solche Hemmungen habe, mich einem Club (oder Verein) anzuschließen, liebe und akzeptiere ich mich so, wie ich bin.«
- Behandlungssatz: »Meine Hemmungen, mich einem Club (oder Verein) anzuschließen.«
- Heilender Satz: »Obwohl ich solche Hemmungen habe, andere Menschen anzusprechen, liebe und akzeptiere ich mich so, wie ich bin.«
- Behandlungssatz: »Meine Hemmungen, andere Menschen anzusprechen.«
- Heilender Satz: »Obwohl ich so schüchtern bin, liebe und akzeptiere ich mich so, wie ich bin.«
- Behandlungssatz: »Meine Schüchternheit.«

Hemmungen und Schüchternheit beruhen häufig auf Angst. Deshalb schauen wir uns jetzt die Ängste an, die verhindern können, dass Sie überhaupt den Kontakt zu anderen suchen. Eine wichtige Grundangst ist die Furcht vor fremden Menschen.

❦ Heilender Satz: »Obwohl ich solche Angst vor anderen (fremden, unbekannten) Menschen habe, liebe und akzeptiere ich mich so, wie ich bin.«
❧ Behandlungssatz: »Meine Angst vor anderen (fremden, unbekannten) Menschen.«
❦ Heilender Satz: »Obwohl ich solche Angst habe, dass die anderen mich nicht aufnehmen, liebe und akzeptiere ich mich so, wie ich bin.«
❧ Behandlungssatz: »Meine Angst, dass die anderen mich nicht aufnehmen.«
❦ Heilender Satz: »Obwohl ich solche Angst habe, von den anderen abgelehnt (zurückgewiesen) zu werden, liebe und akzeptiere ich mich so, wie ich bin.«
❧ Behandlungssatz: »Meine Angst, von den anderen abgelehnt (zurückgewiesen) zu werden.«
❦ Heilender Satz: »Obwohl ich solche Angst habe, mich zu blamieren, liebe und akzeptiere ich mich so, wie ich bin.«
❧ Behandlungssatz: »Meine Angst, mich zu blamieren.«
Wenn zwischendurch Traurigkeit darüber hochkommt, dass Sie so alleine sind, dann beklopfen Sie diese.
❦ Heilender Satz: »Obwohl ich so traurig bin, dass ich so alleine bin, liebe und akzeptiere ich mich so, wie ich bin.«
❧ Behandlungssatz: »Meine Traurigkeit, dass ich so alleine bin.«
Wenn sich Verzweiflung, Resignation oder Hoffnungslo-

sigkeit regt, dass Sie sowieso nie einen Freund finden, dann klopfen Sie:

❀ Heilender Satz: »Obwohl ich so verzweifelt (hoffnungslos) bin, dass ich sowieso keinen Freund/keine Freundin finde, liebe und akzeptiere ich mich so, wie ich bin.«

❧ Behandlungssatz: »Meine Verzweiflung (Hoffnungslosigkeit), dass ich sowieso keinen Freund finde.«

Sind Sie eventuell neidisch, dass alle Freunde haben, nur Sie nicht?

❀ Heilender Satz: »Obwohl ich so neidisch bin, dass alle Freunde haben, nur ich nicht, liebe und akzeptiere ich mich so, wie ich bin.«

❧ Behandlungssatz: »Mein Neid, dass alle Freunde haben, nur ich nicht.«

Wir wissen zwar nicht, ob auch bei Ihnen das weit verbreitete unbewusste Programm mit dem Titel »Ich habe es nicht verdient«, läuft. Trotzdem kann es nicht schaden, auch den folgenden Satz zu beklopfen:

❀ Heilender Satz: »Obwohl ich es nicht verdient habe, Freunde zu haben, liebe und akzeptiere ich mich so, wie ich bin.«

❧ Behandlungssatz: »Ich habe es nicht verdient, Freunde zu haben.«

In einer Hinsicht gilt für Freundschaften dasselbe wie für Liebesbeziehungen: Die Vergangenheit kegelt immer mit. Wenn also eine frühere Freundschaft von Ihnen auseinander gegangen ist, sollten Sie unbedingt schauen, durch welche Emotionen Sie noch mit ihr verbunden sind. In den MET-Seminaren, die wir abhalten, beobachten wir häufig, dass Trauer, Enttäuschung, Verletztheit, Ärger, Wut, teilweise auch Hass und Rachsucht auf ehemalige Freunde selbst nach Jahren noch aktiv sind. Schneiden Sie dieses Band durch, lösen Sie die damit zusammenhängenden Emotionen auf und werden Sie frei für neue Freundschaften.

Zur Unterstützung Ihrer neu gewonnenen Neugier und Freude auf andere Menschen, die Sie nahe an sich heranlassen werden, bieten sich Wahlsätze an, mit denen Sie diese Offenheit nähren können:

»Ich wähle, den Kontakt zu fremden Menschen langsam zuzulassen.«

»Ich wähle, neugierig auf andere Menschen zu sein.«

»Ich wähle, fremden Menschen mit Neugier zu begegnen.«

»Ich wähle, den Kontakt zu anderen (fremden) Menschen als spannend zu empfinden.«

»Ich wähle, den Kontakt zu anderen (fremden) Menschen als Bereicherung zu sehen.«

»Ich wähle, den Kontakt zu anderen (fremden) Menschen zu genießen.«

»Ich wähle zu wissen, dass ich es verdient habe, gute Freunde zu haben.«

»Ich wähle zu wissen, dass ich die Grenze zu anderen Menschen bestimmen kann.«

Dann können Sie eine Stufe weitergehen:
»Ich wähle, Freundschaften in meinem Leben zuzulassen.«
»Ich wähle, Freundschaften mit anderen Menschen als Bereicherung zu empfinden.«
»Ich wähle, Freunde voller Freude in meinem Leben willkommen zu heißen.«

Freundschaften pflegen – Probleme lösen

Nehmen wir an, Sie seien erst vor kurzem in eine neue Stadt gezogen und dort noch völlig fremd. Weil Sie gern singen, aber auch um Leute kennen zu lernen, schließen Sie sich einem Chor an. Gleich am ersten Abend fällt Ihnen eine junge Frau auf, die offenbar bei allen beliebt ist. Nach der Probe kommen Sie ins Gespräch mit ihr, und irgendwie ergibt es sich so, dass sie Sie fragt, ob Sie nicht mal Lust hätten, einen Kaffee mit ihr trinken zu gehen. Sie stimmen begeistert zu und verabreden sich mit ihr. Es ist der Beginn einer wunderschönen Freundschaft. Sie sind gleich auf einer Wellenlänge, haben viele Gesprächsthemen und teilen auch die Leidenschaft für alte Hollywoodfilme. Nach dem Chor gehen Sie beide immer noch etwas trinken. In unterschiedliche Lokale, die sie Ihnen alle zeigt. Im Gegensatz zu Ihnen hat sie aber einen Freund und lebt auch mit ihm zusammen. Demzufolge ist ihre Zeit bemessener, als Ihnen lieb wäre. Aber das akzeptieren Sie selbstverständlich. Vor allem verbringt sie natürlich die Wochenenden mit ihrem Partner. Das alles tut Ihrer Freundschaft aber keinen Ab-

bruch. Sie verbringen wundervolle Abende miteinander, führen interessante Gespräche und haben beide das Gefühl, sich schon »ewig« zu kennen.
Da Sie jedoch keine Lust haben, Samstag und Sonntag immer allein zu Hause zu sitzen, treten Sie dem Wanderverein bei, der an den Wochenenden schöne Ausflüge ins Umland unternimmt. Allmählich beginnen Sie sich in Ihrer neuen Stadt richtig wohl zu fühlen.
Eines Tages ruft Ihre Freundin an und sagt, sie hätte herausgefunden, dass ihr Liebster eine andere hat. Es hätte einen Riesenstreit gegeben und am nächsten Ersten würde er ausziehen. Sie ist ein einziges Häuflein Elend. Sie haben natürlich viel Verständnis und verbringen die nächsten Abende alle mit ihr und ihren Problemen. Das macht Ihnen gar nichts aus. Wofür sind Freunde schließlich da? Sie zeigen sich sogar bereit, ausnahmsweise auf Ihren Sonntagsausflug mit dem Wanderverein zu verzichten. Doch auch für das folgende Wochenende hat ihre Freundin Sie bereits eingeplant. Das wird Ihnen zu viel. Sie werfen ihr vor, sie würde klammern, und sie kontert, Sie hätten »nie Zeit für sie«. Es kommt zu einem schlimmen Streit und schließlich zum Bruch.
Was ist passiert?
Die Freundschaft ist aus dem ursprünglichen Gleichgewicht gekommen, auf dem sie beruhte. Ohne dass sich eine von Ihnen dessen unbedingt bewusst war, hatte Ihre Freundin am Anfang die Position der Stärke inne. Sie kannten kaum jemanden in der Stadt, sie hat Ihnen den Einstieg erleichtert. Doch als sie von ihrem Freund ver-

lassen wurde, kehrten sich die Verhältnisse um. Plötzlich waren Sie es, die zeitlich Grenzen setzte und ihren persönlichen Freiraum beanspruchte.

Das war natürlich nur ein konstruiertes Beispiel, aber ein typisches. Freundschaften geraten in Gefahr, sowie sich aus welchen Gründen auch immer die Kräfteverhältnisse ändern. Das kann zum Beispiel auch der Fall sein, wenn der eine eine Entwicklung durchläuft, die der andere nicht gutheißt. Wir beide waren auch einmal eng mit einem Pärchen befreundet, das einen beruflichen Schritt, den wir machten, nicht nachvollziehen konnte und sich nach einem Streit, den es darüber gab, einfach nicht mehr meldete. (Zugegeben, damals haben auch wir den Fehler gemacht, nicht aktiv um den Erhalt dieser Freundschaft zu kämpfen.)

Wenn das labile Gleichgewicht einer Freundschaft, die ja beinahe einem lebenden Organismus vergleichbar ist, aus den Fugen gerät, gibt es im Grunde nur zwei Möglichkeiten: Entweder man lässt den Bruch zu – »Na gut, das war's dann. Jetzt trennen sich unsere Wege eben«. Oder beide suchen Verständigung und Auseinandersetzung – und erreichen ein neues, gleichberechtigteres Niveau ihrer Freundschaft. Je älter man wird, desto wertvoller werden einem in der Regel die Freundschaften, die man hat. Man weiß dann irgendwann, dass solche engen Bindungen nicht selbstverständlich und daher der Mühe wert sind, an ihnen zu arbeiten, auch und gerade, wenn es mit Konflikten einhergeht.

Machen Sie den Anfang. Klopfen Sie, was Sie bedrückt:

Fühlen Sie sich eingeengt?

❧ Heilender Satz: »Obwohl ich mich durch die Freundschaft mit X so eingeengt fühle, liebe und akzeptiere ich mich so, wie ich bin.«

❧ Behandlungssatz: »Ich fühle mich durch die Freundschaft mit X so eingeengt.«

Fühlen Sie sich missverstanden?

❧ Heilender Satz: »Obwohl ich mich missverstanden fühle, liebe und akzeptiere ich mich so, wie ich bin.«

❧ Behandlungssatz: »Ich fühle mich missverstanden.«

Sind Sie einfach sauer (oder traurig)?

❧ Heilender Satz: »Obwohl ich so sauer (traurig) bin, weil X mich immer bevormundet, liebe und akzeptiere ich mich so, wie ich bin.«

❧ Behandlungssatz: »Ich bin sauer, weil X mich so bevormundet.«

Sind Sie sauer (traurig), weil X etwas tut, was sie nicht gutheißen?

❧ Heilender Satz: »Obwohl ich so sauer (traurig) bin, weil X das gemacht hat, liebe und akzeptiere ich mich so, wie ich bin.«

❧ Behandlungssatz: »Ich bin sauer, weil X das gemacht hat.«

Sind Sie verletzt?

❧ Heilender Satz: »Obwohl ich so verletzt bin, weil X mir das angetan hat, liebe und akzeptiere ich mich so, wie ich bin.«

⸙ Behandlungssatz: »Ich bin verletzt, weil X mir das angetan hat.«

Oder verunsichert?

❃ Heilender Satz: »Obwohl ich so verunsichert bin, weil X nicht mehr so ist wie früher, liebe und akzeptiere ich mich so, wie ich bin.«

⸙ Behandlungssatz: »Ich bin unsicher, weil X nicht mehr so ist wie früher.«

Haben Sie Angst um Ihre langjährige, intensive Freundschaft?

❃ Heilender Satz: »Obwohl ich Angst habe, dass unsere Freundschaft kaputt geht, liebe und akzeptiere ich mich so, wie ich bin.«

⸙ Behandlungssatz: »Ich habe Angst, dass unsere Freundschaft kaputt geht.«

Sind Sie wütend, weil Ihr Freund (Ihre Freundin) seinen (ihren) eigenen Weg geht?

❃ Heilender Satz: »Obwohl ich so wütend bin, dass X seinen eigenen Weg geht, liebe und akzeptiere ich mich so, wie ich bin.«

⸙ Behandlungssatz: »Ich bin wütend, dass X seinen eigenen Weg geht.«

Sind Sie eifersüchtig, weil Ihr Freund (Ihre Freundin) neue Freunde gefunden hat?

❃ Heilender Satz: »Obwohl ich so eifersüchtig bin, weil X neue Freunde hat, liebe und akzeptiere ich mich so, wie ich bin.«

⸙ Behandlungssatz: »Ich bin eifersüchtig, weil X neue Freunde hat.«

Haben Sie Angst, dass der oder die andere Sie jetzt nicht mehr braucht?

❧ Heilender Satz: »Obwohl ich Angst habe, dass X mich jetzt nicht mehr braucht, liebe und akzeptiere ich mich so, wie ich bin.«

❧ Behandlungssatz: »Ich habe Angst, dass X mich jetzt nicht mehr braucht.«

Wenn Sie – im Idealfall beide – diese hemmenden Bewusstseinszustände beklopft haben, können Sie zu einer Methode der Konfliktlösung übergehen, die wir schon im Abschnitt über Liebe und Partnerschaft (auf Seite 159 ff.) erläutert haben. Genau dieselben Regeln, die wir dort beschrieben haben, gelten auch unter Freund(inn)en. Sie setzen sich einander gegenüber, schauen sich an und teilen sich mit, wie Sie sich miteinander fühlen. Bewertet, diskutiert oder kommentiert wird nicht. Es gibt keine Vorwürfe. Jeder darf sein Befinden so äußern, wie es derzeit ist. Und jeder beklopft für sich die Emotionen, die eventuell bei ihm hochkommen. Dies ist unseres Erachtens die reifste und erwachsenste Haltung, verlangt jedoch viel Selbstreflexion und Mut. Aber eins ist sicher: Wenn Sie Probleme unter Freunden auf diese Weise lösen, heben Sie die Freundschaft auf eine andere Ebene und haben das erreicht, was wahre Freundschaft ausmacht: Sie gehen gemeinsam durch dick und dünn – aber nicht durch »dick und doof«, wie es in einem Song der Neuen Deutschen Welle vor einigen Jahren einmal hieß.

Um diesen Prozess zu bestärken und Ihren Vorbehalten gegenüber der Austragung von Konflikten die Wirkkraft zu nehmen, können Sie Wahlsätze beklopfen, die den konstruktiven Fortbestand Ihrer Freundschaft sichern.
»Ich wähle, jede Auseinandersetzung als Möglichkeit des Wachstums zu sehen.«
»Ich wähle, Konflikte als Bereicherung unserer Freundschaft zu sehen.«
»Ich wähle, Konflikte mit meinem Freund/meiner Freundin genussvoll auszutragen.«
»Ich wähle zu genießen, dass es zwei Meinungen geben darf.«

Diese Wahlsätze sind übrigens nicht nur geeignet, Ihre Freundschaften zu festigen, sondern lassen sich auch in allen anderen Beziehungen nutzbringend anwenden, zum Beispiel bei Konflikten am Arbeitsplatz oder im Bekanntenkreis.

Karriere und Berufsleben

In unser beider Leben gab es einmal eine Zeit, in der wir jeden glühend beneideten, der mit voller Überzeugung sagen konnte: »Mein Beruf ist meine Berufung.« Heute gehören wir selbst zu diesen Glücklichen – und wissen, dass es ein Privileg ist, das (ungeachtet der Gründe) nicht jedem zuteil wird.
Wir fanden unseren Traumberuf erst nach einigen Umwegen, als wir schließlich auf die Fährte der Meridian-Energie-Techniken gesetzt wurden. Seither dürfen wir Menschen schnell, effizient und nachhaltig Unterstützung für ihre Heilung geben und ihnen zudem dabei helfen, ihre gesamte Lebenszufriedenheit selbst in die Hand zu nehmen. Das verschafft uns unser Auskommen, schenkt uns tiefe Befriedigung und lässt keinen Moment der Langeweile aufkommen – na ja, bei der Steuererklärung vielleicht.
Wie sieht es bei Ihnen aus? Haben auch Sie einen Beruf, der Sie vollkommen ausfüllt? Können Sie auch ganz nach Ihrem Herzen arbeiten, nach seinen Wünschen, seiner inneren Wahrheit? Lässt Ihr Beruf Platz für genügend Freude, Kreativität und Ekstase? Oder würden Sie ihre Job-Situation doch eher als »suboptimal« bezeichnen?
Brot und Rosen – Liebe und Arbeit, für die Erfüllung des Lebensglücks spielen letztlich wohl beide eine ähnlich große Rolle. Und auf dem einen Gebiet kann man genauso viele Irrungen und Wirrungen erleben wie auf dem anderen. Viele treffen ja ihre Berufswahl nicht den eigenen Neigungen und Begabungen entsprechend, son-

dern aufgrund von praktischen Erwägungen. Und wer möchte es ihnen verdenken? Hat die Branche, für die ich mich interessiere, Zukunft? Was fordert der Markt? Kann ich in dem Job, den ich mir suche, schnell Geld verdienen? Natürlich sind es solche Überlegungen wert, angestellt zu werden, gerade in wirtschaftlich angespannten Zeiten wie diesen. Und so bleibt nicht immer Platz für die eigentlich wichtigen Fragen: Was liegt mir am meisten? Welche besonderen Talente habe ich? An welcher Stelle kann ich das, was in mir steckt, zum höchsten Nutzen der Allgemeinheit am besten einsetzen?

Allerdings müssen die Weichen für die Berufswahl in unserem Bildungssystem ja auch recht früh gestellt werden, oft zu einem Zeitpunkt, an dem sich der junge Mensch seiner Neigungen noch gar nicht gewahr ist. Und was, wenn ein junges Mädchen ganz genau weiß, dass sie zur Astrophysikerin geboren ist, die Eltern aber beim besten Willen nicht in der Lage sind, ihr die Ausbildung zu finanzieren, und sie gerade mal auf die Realschule schicken können?

Es ist immer wieder bewegend, wenn Menschen in der so genannten Lebensmitte berichten, dass sie gerade dabei sind, noch einmal ganz von vorn anzufangen und endlich den Beruf zu ergreifen, den sie sich schon immer gewünscht hatten.

Ja, sie greifen nach den Sternen – und folgen doch nur der eigenen Bestimmung.

Arbeit – Last oder Lust?

Setzen Sie sich entspannt zurück. Schließen Sie die Augen, genießen Sie diesen ruhigen Moment. Betrachten Sie die Einstellung, die Sie zu Ihrer Arbeit haben.
Können Sie sich einen schöneren Beruf für sich vorstellen als den, den Sie gegenwärtig ausüben?
Was halten Sie von Dienst nach Vorschrift?
Welches Gefühl haben Sie bei dem Gedanken, dieselbe Tätigkeit auch nach 10, 15 oder 20 Jahren noch auszuüben?
Angenommen, es könnte absolut nichts schief gehen – würden Sie dann gern umsatteln?
Hätten Sie am Arbeitsplatz gern mehr (oder weniger) Kontakt mit Menschen?
Inwiefern entspricht Ihr Beruf den Erwartungen, die Sie hatten, als Sie ihn ergriffen?
Welche beruflichen Ziele möchten Sie in den nächsten 12, 24 und 36 Monaten erreicht haben?

Haben Sie heute den Job, den sich Ihre Eltern immer für Sie gewünscht haben?
Von welcher Ihrer persönlichen Begabungen können Sie auf Ihrer gegenwärtigen Arbeitsstelle am meisten profitieren?
Wie sieht es mit Ihrem Verhältnis zu Vorgesetzten, Kollegen und Kunden aus?
Wie geht es Ihnen, wenn Sie Ihren Arbeitsplatz am Feierabend verlassen?
Wenn Sie jetzt sofort etwas an Ihrer beruflichen Situation ändern könnten – was wäre das?
Haben Sie jetzt vielleicht das Gefühl, dass der Beruf, den Sie gegenwärtig ausüben, nicht Ihren Vorstellungen und den Einflüsterungen Ihrer inneren Stimme entspricht:

Sind Sie ärgerlich/traurig oder haben Sie resigniert, weil Ihre Eltern Sie gezwungen haben, diesen Beruf zu ergreifen?

Heilender Satz: »Obwohl ich ärgerlich/traurig bin (oder: resigniert habe), weil mich meine Eltern gezwungen haben, diesen Beruf zu ergreifen, liebe und akzeptiere ich mich so, wie ich bin.«

Behandlungssatz: »Ich bin ärgerlich/traurig (habe resigniert), weil mich meine Eltern gezwungen haben, diesen Beruf zu ergreifen.«

Sind Sie ärgerlich/traurig oder haben Sie resigniert, weil Sie nicht wissen, was Sie sonst beruflich tun könnten?

Heilender Satz: »Obwohl ich ärgerlich/traurig bin (oder: resigniert habe), weil ich nicht weiß, was ich sonst beruflich tun könnte, liebe und akzeptiere ich mich so, wie ich bin.«

Behandlungssatz: »Ich bin ärgerlich/traurig (habe resigniert), weil ich nicht weiß, was ich sonst beruflich tun könnte.«

Sind Sie ärgerlich/traurig oder haben Sie resigniert, weil Sie Ihr Leben lang einen Beruf ausüben, der Ihnen nicht gefällt?

Heilender Satz: »Obwohl ich ärgerlich/traurig bin (oder resigniert habe), weil ich ein Leben lang einen Beruf ausübe, der mir nicht gefällt, liebe und akzeptiere ich mich so, wie ich bin.«

Behandlungssatz: »Ich bin ärgerlich/traurig (oder habe resigniert), weil ich ein Leben lang einen Beruf ausübe, der mir nicht gefällt.«

Sind Sie ärgerlich/traurig oder haben Sie resigniert, weil Sie sich zu alt fühlen, um sich beruflich noch einmal zu verändern?

Heilender Satz: »Obwohl ich ärgerlich/traurig bin (oder resigniert habe), weil ich mich zu alt fühle, um mich beruflich noch einmal zu verändern, liebe und akzeptiere ich mich so, wie ich bin.«

Behandlungssatz: »Ich bin ärgerlich/traurig (oder habe resigniert), weil ich mich zu alt fühle, um mich beruflich noch einmal zu verändern.«

Fühlen Sie sich frustriert, weil Sie Ihre spezielle Begabung nicht kennen?

Heilender Satz: »Obwohl ich frustriert bin, weil ich nicht weiß, wo meine Begabungen lieben, liebe und akzeptiere ich mich so, wie ich bin.«

Behandlungssatz: »Ich bin so frustriert, weil ich nicht weiß, wo meine Begabungen liegen könnten.«

Sind Sie ärgerlich/traurig oder haben Sie resigniert, weil Sie mit der Arbeit, die Sie tun, Ihr Leben vergeuden?

Heilender Satz: »Obwohl ich ärgerlich/traurig bin (oder resigniert habe), weil ich mit der Arbeit, die ich tue, mein Leben vergeude, liebe und akzeptiere ich mich so, wie ich bin.«

Behandlungssatz: »Ich bin ärgerlich/traurig (habe resigniert), weil ich mit der Arbeit, die ich tue, mein Leben vergeude.«

Sind Sie ärgerlich/traurig oder haben Sie resigniert, weil Sie nicht den Beruf ausüben, den Sie eigentlich gern ausüben würden?

Heilender Satz: »Obwohl ich ärgerlich/traurig bin (oder resigniert habe, weil ich nicht den Beruf ausübe, den ich eigentlich gern ausüben würde, liebe und akzeptiere ich mich so, wie ich bin.«

Behandlungssatz: »Ich bin ärgerlich/traurig (habe resigniert), weil ich nicht den Beruf ausübe, den ich eigentlich gern ausüben würde.«

Haben Sie Angst vor Veränderung?

Heilender Satz: »Obwohl ich Angst habe, mich beruflich zu verändern, liebe und akzeptiere ich mich so, wie ich bin.«

Behandlungssatz: »Ich habe Angst, mich beruflich zu verändern.«

Haben Sie Angst, auf Ihr Herz/Ihre innere Stimme zu hören?

⚜ Heilender Satz: »Obwohl ich Angst habe, auf mein Herz/meine innere Stimme zu hören, liebe und akzeptiere ich mich so, wie ich bin.«
⚘ Behandlungssatz: »Ich habe Angst, auf mein Herz/meine innere Stimme zu hören.«
Haben Sie Angst, die falsche Entscheidung zu treffen?
⚜ Heilender Satz: »Obwohl ich Angst habe, die falsche Entscheidung zu treffen, liebe und akzeptiere ich mich so, wie ich bin.«
⚘ Behandlungssatz: »Ich habe Angst, die falsche Entscheidung zu treffen.«
Nun, da Sie Ihre eigentliche innere Einstellung zu Ihrem Beruf kennen (verraten müssen Sie sie ja keinem), sollten Sie auch vor dem nächsten Schritt nicht zurückschrecken:
Nervt es Sie, dass Sie arbeiten müssen?
⚜ Heilender Satz: »Obwohl es mich so nervt, dass ich arbeiten muss, liebe und akzeptiere ich mich so, wie ich bin.«
⚘ Behandlungssatz: »Es nervt mich so, dass ich arbeiten muss.«
Haben Sie keine Lust zu arbeiten?
⚜ Heilender Satz: »Obwohl ich keinen Bock habe zu arbeiten, liebe und akzeptiere ich mich so, wie ich bin.«
⚘ Behandlungssatz: »Ich habe keinen Bock zu arbeiten.«
Finden Sie Arbeit Sch…?
⚜ Heilender Satz: »Obwohl ich Arbeit Sch… finde, liebe und akzeptiere ich mich so, wie ich bin.«

Behandlungssatz: »Ich finde Arbeit Sch…«

Sind Sie ärgerlich/traurig (oder haben Sie resigniert), weil Ihre Arbeit Sie nicht erfüllt?

Heilender Satz: »Obwohl ich ärgerlich/traurig bin (resigniert habe), weil meine Arbeit mich nicht erfüllt, liebe und akzeptiere ich mich so, wie ich bin.«

Behandlungssatz: »Ich bin ärgerlich/traurig (habe resigniert), weil meine Arbeit mich nicht erfüllt.«

Sind Sie frustriert von Ihrer Arbeit?

Heilender Satz: »Obwohl ich so frustriert bin von meiner Arbeit, liebe und akzeptiere ich mich so, wie ich bin.«

Behandlungssatz: »Ich bin so frustriert von meiner Arbeit.«

Sind Sie vielleicht zu faul zum Arbeiten?

Heilender Satz: »Obwohl ich zu faul zum Arbeiten bin, liebe und akzeptiere ich mich so, wie ich bin.«

Behandlungssatz: »Ich bin zu faul zum Arbeiten.«

Erfasst Sie beim Gedanken an Ihren Job das kalte Grausen?

Heilender Satz: »Obwohl mich das kalte Grausen packt, wenn ich an den Job denke, liebe und akzeptiere ich mich so, wie ich bin.«

Behandlungssatz: »Mich packt das kalte Grausen, wenn ich an den Job denke.«

Bedrückt Sie Ihre Arbeit?

❀ Heilender Satz: »Obwohl mich meine Arbeit so bedrückt, liebe und akzeptiere ich mich so, wie ich bin.«

❀ Behandlungssatz: »Meine Arbeit bedrückt mich so.«

Müssen Sie sich täglich zwingen, zur Arbeit zu gehen?

❀ Heilender Satz: »Obwohl ich mich immer zwingen muss, zur Arbeit zu gehen, liebe und akzeptiere ich mich so, wie ich bin.«

❀ Behandlungssatz: »Ich muss mich immer zwingen, zur Arbeit zu gehen.«

Hey, wovor haben Sie denn jetzt noch Angst? Es kann doch nur besser werden. Beklopfen Sie ausgesuchte Wahlsätze:

»Ich wähle, mir bewusst zu werden, was mein Traumberuf ist.«

»Ich wähle, mir zu gestatten, meinen Traumberuf zu ergreifen.«

»Ich wähle, Arbeit als Verwirklichung meiner selbst zu sehen.«

»Ich wähle, meinem Herzen zu folgen.«

»Ich wähle, auf meine innere Stimme zu hören.«

»Ich wähle, mutig zu sein.«

»Ich wähle, dem Neuen mit Freude entgegenzublicken.«

»Ich wähle es zu genießen, Entscheidungen zu treffen.«

»Ich wähle, Arbeit als Ausdruck meiner Kreativität und Freude zu sehen.«

»Ich wähle, in meiner Arbeit mein ganzes Potenzial zu leben.«
»Ich wähle, mit meinem Beruf Freundschaft zu schließen.«
»Ich wähle zu wissen, dass Arbeit Ausdruck meiner höchsten Schöpferkraft ist.«
»Ich wähle, meine Arbeit zu lieben.«

Ihr Verhältnis zu Mitarbeitern und Kollegen

Über ein Thema aus der Berufswelt wird seit einigen Jahren nicht mehr nur in der Fach- und Branchenpresse berichtet, sondern zunehmend auch in den weit verbreiteten Boulevardblättern und -magazinen. Wovon wir sprechen? Richtig, von Mobbing. Der Begriff leitet sich von dem englisch-amerikanischen Verb »to mob« ab, dessen Bedeutung sich mit »über jemanden herfallen, jemanden belagern, sich zusammenrotten« zusammenfassen lässt. Im Deutschen steht er für »Schikane und Intrige am Arbeitsplatz«. Im einschlägigen Zusammenhang wurde das Wort erstmals 1968 von dem berühmten vergleichenden Verhaltensforscher Konrad Lorenz benutzt, der damit interessanterweise Gruppenangriffe unterlegener Tiere (Gänse) auf einen dominanten Gegner (Fuchs) bezeichnete. Seither hat dieser Terminus eine beachtliche »Karriere« gemacht – denken wir nur an die zahlreichen Selbsthilfegruppen, die armen »Opfern« Schutz vor vermeintlich bösen »Tätern« zu geben versuchen. Ob der Tatbestand, der mit dem Etikett »Mobbing« versehen wird, nun tatsächlich so neu ist und immer gravierender wird, interessiert uns nicht wirklich. »Der hat mich gemobbt!« klingt jedenfalls bedeutender als »Der macht mich fertig«.

Ein grundlegend neuer Ansatz

Die herrschende Meinung zum Thema »Mobbing« lautet in unserer Gesellschaft: Der Stärkere macht dem Schwächeren das Leben zur Hölle, der Stärkere ist ein Schwein (bitte entschuldigen Sie den Ausdruck) und der Schwächere zu bedauern.
Auch wir empfinden natürlich Mitgefühl mit jedem, der sich von Kollegen oder Kolleginnen gemobbt fühlt.
Das Problem ist nur: Damit ist niemandem geholfen. (Wie überhaupt die Teilung der Welt in »Täter« und »Opfer« eigentlich nie etwas bringt.)
Daher möchten wir Ihnen einen radikal anderen Umgang mit diesem Thema nahe legen, bei dem der Mobber nicht verdammt und der Gemobbte nicht bemitleidet, sondern gestärkt wird.
Denken wir an das »Opfer« bei Konrad Lorenz zurück: den Fuchs. Im Prinzip den Gänsen weit überlegen wird er unter deren kollektivem Sperrfeuer doch zum Schwächeren. Nicht anders in der klassischen Mobbing-Situation. Der Gemobbte zieht den Kürzeren, aber nicht in erster Linie, weil die anderen ihn dazu zwingen, sondern

aus anderen Gründen. Kann sein, dass er Angst ausstrahlt, Angst vor den Kolleg(inn)en oder den Gegebenheiten des Arbeitsplatzes. Vielleicht ist er aber auch mit sich selbst nicht im Reinen, hätte im eigenen Interesse längst die Stelle wechseln und sich beruflich verändern sollen. Oder er/sie bezieht einfach keine Position. Und der Mobber arbeitet (unbewusst natürlich) darauf hin, den Gemobbten sozusagen in die Spur zu setzen, damit er sich endlich einmal äußert und für sich einsteht. Wie gesagt: In diesem Prozess wissen beide Parteien nicht, was sie tun. Unter diesem Blickwinkel betrachtet werden Sie den Menschen, von denen Sie sich gemobbt fühlen, bald von Herzen dankbar sein, das garantieren wir Ihnen. Denn sie können einen entscheidenden Teil dazu beitragen, dass Sie beginnen, sich Ihrer Kraft und Ihres Potenzials bewusst zu werden, in Ihre Kraft und Machtvollkommenheit einzutreten und dies auch zuzulassen.
Lassen Sie uns nun einen Blick auf mögliche Mobbing-Klopfthemen werfen.

Denken Sie: Ich werde gemobbt?

❀ Heilender Satz: »Obwohl ich von X gemobbt werde, liebe und akzeptiere ich mich so, wie ich bin.«

❀ Behandlungssatz: »Ich werde von X gemobbt.«

Sind Sie empört, dass X Sie mobbt?

❀ Heilender Satz: »Obwohl ich so empört bin, weil X mich mobbt, liebe und akzeptiere ich mich so, wie ich bin.«

❀ Behandlungssatz: »Ich bin so empört, weil X mich mobbt.«

Haben Sie Angst vor X, weil er Sie mobbt?

❦ Heilender Satz: »Obwohl ich solche Angst vor X habe, weil er mich immer mobbt, liebe und akzeptiere ich mich so, wie ich bin.«

❧ Behandlungssatz: »Ich habe solche Angst vor X, weil er mich immer mobbt.«

Empfinden Sie es als ungerecht, dass Sie »immer gemobbt« werden?

❦ Heilender Satz: »Obwohl ich es total ungerecht finde, dass ich immer gemobbt werde, liebe und akzeptiere ich mich so, wie ich bin.«

❧ Behandlungssatz: »Ich finde es total ungerecht, dass ich immer gemobbt werde.«

Fühlen Sie sich schwach/wehrlos/hilflos?

❦ Heilender Satz: »Obwohl ich mich so schwach/wehrlos/hilflos fühle, weil ich immer gemobbt werde, liebe und akzeptiere ich mich so, wie ich bin.«

❧ Behandlungssatz: »Ich fühle mich so schwach/wehrlos/hilflos, weil ich immer gemobbt werde.«

Sind Sie traurig darüber, dass Sie gemobbt werden?

❦ Heilender Satz: »Obwohl ich so traurig bin, dass ausgerechnet immer ich gemobbt werde, liebe und akzeptiere ich mich so, wie ich bin.«

❧ Behandlungssatz: »Ich bin so traurig, dass ausgerechnet immer ich gemobbt werde.«

Denken Sie: Ich ärgere mich tierisch, dass X mich mobbt?

❦ Heilender Satz: »Obwohl ich mich tierisch ärgere, dass X mich mobbt, liebe und akzeptiere ich mich so, wie ich bin.«

❧ Behandlungssatz: »Ich ärgere mich tierisch, dass X mich mobbt.«

Denken Sie: Ich könnte X in der Luft zerreißen, weil er mich immer mobbt?

❀ Heilender Satz: »Obwohl ich X in der Luft zerreißen könnte, weil er mich immer mobbt, liebe und akzeptiere ich mich so, wie ich bin.«

❧ Behandlungssatz: »Ich könnte X in der Luft zerreißen, weil er mich immer mobbt.«

An dieser Stelle sind Sie schon ein gutes Stück vorwärts gekommen. Sie kommen aus sich heraus und fangen an, sich zu behaupten. Glückwunsch, nur weiter so!
Falls Sie bisher Teil einer Mobbing-Selbsthilfegruppe waren, werden Sie sich dort nicht mehr am rechten Platz fühlen, sobald Sie in Ihre Kraft gegangen und Ihre Gefühle umfassend und regelmäßig beklopft haben. Dann kann es erforderlich werden, die Angst vor dem Verlust dieser Gemeinschaft zu be-hand-eln.

Denn dann denken Sie vielleicht: Ich habe Angst, nicht mehr in diese Selbsthilfegruppe gehen zu können, wenn ich nicht mehr gemobbt werde.

❀ Heilender Satz: »Obwohl ich Angst habe, nicht mehr in die Selbsthilfegruppe gehen zu können, wenn ich nicht mehr gemobbt werde, wähle ich, mich so zu lieben und zu achten, wie ich bin.«

❧ Befreiungssatz: »Ich habe Angst, dass ich nicht mehr in die Selbsthilfegruppe gehen kann, wenn ich nicht mehr gemobbt werde.«

Die kleinen Widrigkeiten des Arbeitsalltags

Aber es gibt natürlich noch viele andere Dinge, die Ihren Arbeitsalltag belasten können. Das kann die Angst sein, überfordert zu werden. Oder die Angst davor, sich gegen zu hohe Arbeitsbelastung abzugrenzen und zur Wehr zu setzen. Vielleicht haben Sie auch einmal einem Kollegen oder einer Kollegin einen besser bezahlten Arbeitsplatz »weggeschnappt« und empfinden deswegen Gewissensbisse. Oder der Chef bevorzugt Sie und die anderen sind neidisch auf Sie (beziehungsweise umgekehrt). Vielleicht geht Ihnen ja auch ein Kollege oder eine Kollegin mit seiner/ihrer ewigen Aufschneiderei mächtig auf die Nerven.

Nun, mögliche Ärgernisse in der Arbeitswelt sind so vielfältig wie die verschiedenen Stellenbeschreibungen. Aber für alle gilt: Sie sind ein Fall für MET nach Franke®. Deshalb hier wieder eine ganze Palette voller Sätze:

Empfinden Sie Angst vor Überforderung?

❦ Heilender Satz: »Obwohl ich solche Angst habe, überfordert zu werden, liebe und akzeptiere ich mich so, wie ich bin.«

❧ Behandlungssatz: »Ich habe solche Angst, überfordert zu werden.«

Haben Sie Angst, nein zu sagen, wenn alle Ihnen Arbeit aufbürden.

❦ Heilender Satz: »Obwohl ich solche Angst habe, nein zu sagen, wenn alle mir ihre Arbeit aufbürden, liebe und akzeptiere ich mich so, wie ich bin.«

❧ Behandlungssatz: »Ich habe solche Angst, nein zu sagen, wenn alle mir ihre Arbeit aufbürden.«

Haben Sie X gegenüber Schuldgefühle, weil Sie ihm diesen Job »weggeschnappt« haben?

❦ Heilender Satz: »Obwohl ich mich X gegenüber so schuldig fühle, weil ich ihm diesen Job weggeschnappt habe, liebe und akzeptiere ich mich so, wie ich bin.«

❧ Behandlungssatz: »Ich fühle mich X gegenüber so schuldig, weil ich ihm diesen Job weggeschnappt habe.«

Sind Sie neidisch, weil Ihre Kollegin von Ihrem Chef bevorzugt wird?

❦ Heilender Satz: »Obwohl ich neidisch bin, weil X von unserem Chef bevorzugt wird, liebe und akzeptiere ich mich so, wie ich bin.«

❧ Behandlungssatz: »Ich bin neidisch, weil X von unserem Chef bevorzugt wird.«

Denken Sie: Kollege X geht Ihnen tierisch auf den Wecker mit seiner Aufschneiderei?

❧ Heilender Satz: »Obwohl X mir tierisch auf den Wecker geht mit seiner Aufschneiderei, liebe und akzeptiere ich mich so, wie ich bin.«

❧ Behandlungssatz: »X geht mir tierisch auf den Wecker mit seiner Aufschneiderei.«

Es nervt Sie, dass eine Kollegin Sie immer zutextet?

❧ Heilender Satz: »Obwohl X mich nervt, weil sie mich immer zutextet, liebe und akzeptiere ich mich so, wie ich bin.«

❧ Behandlungssatz: »X nervt mich.«

Haben Sie Angst, sich gegen diese Kollegin abzugrenzen?

❧ Heilender Satz: »Obwohl ich Angst habe, mich gegen X abzugrenzen, liebe und akzeptiere ich mich so, wie ich bin.«

❧ Behandlungssatz: »Ich habe Angst, mich gegen X abzugrenzen.«

Haben Sie Angst, X Ihre Meinung zu sagen?

❧ Heilender Satz: »Obwohl ich Angst habe, X meine Meinung zu sagen, liebe und akzeptiere ich mich so, wie ich bin.«

❧ Behandlungssatz: »Ich habe Angst, X meine Meinung zu sagen.«

Haben Sie Angst, X zu verletzen, wenn Sie ihm/ihr meine Meinung sagen?

❧ Heilender Satz: »Obwohl ich Angst habe, X zu verletzen, wenn ich ihm/ihr meine Meinung sage, liebe und akzeptiere ich mich so, wie ich bin.«

- Behandlungssatz: »Ich habe Angst, X zu verletzen, wenn ich ihm/ihr meine Meinung sage.«

Und so weiter, und so fort. Beobachten Sie genau, was Ihnen an Ihren Kollegen nicht gefällt und Sie darin hindert, Ihr Leben und Ihre Arbeit in Ruhe und Gelassenheit zu genießen. Und dann klopfen Sie!

»Ich wähle zu wissen, dass ich die Kraft habe, alle an mich gestellten Forderungen mit Leichtigkeit zu erfüllen.«

»Ich wähle, mir zu gestatten, auch einmal nein zu meinen Kolleg(inn)en sagen zu dürfen, wenn sie ihre Arbeit auf mich abwälzen.«

»Ich wähle, mir zu verzeihen, dass ich X damals den Job weggeschnappt habe.«

»Ich wähle, X das gute Verhältnis zum Chef von Herzen zu gönnen.«

Stressfrei im Stress

Bei vielen Menschen ergibt die Klopfanalyse ihrer Arbeitsplatzsituation, dass sie mit der Wahl, die sie getroffen haben, im Grunde recht zufrieden sind, jedoch Probleme bekommen, sobald die Anforderungen steigen, die an sie gestellt werden. Schon wieder eine Aufgabe, die zu einem bestimmten Termin erfüllt sein soll. Und der Schreibtisch quillt doch ohnehin schon über! Oder der Kunde will einen bestimmten Auftrag zu einem völlig unmöglichen Termin erledigt haben. Ein Albtraum! Was also tun, wenn der Stress zu groß wird und Sie sich überfordert fühlen?

Stress ist nicht gleich Stress und das, was den einen schier in die Verzweiflung treibt, steckt der andere allem Anschein nach mit links weg. Nach unserem heutigen Verständnis handelt es sich dabei also nicht zuletzt auch um etwas sehr Subjektives. (Übrigens kommt das englische Wort *stress*, das »Druck« bedeutet, ursprünglich aus der Werkzeugkunde. 1936 wurde es erstmals auch auf Menschen angewendet und bezeichnet heute im allgemeinen Sprachgebrauch eine »unspezifische Reaktion auf Anforderung«.)

Stressauslöser gibt es viele, etwa Schlafentzug, Lärm, Reizüberflutung und interessanterweise auch Unterforderung. Die in der Arbeitswelt am häufigsten auftretenden Stressoren dürften jedoch Zeitmangel, fehlende Gestaltungsmöglichkeiten, Mobbing und zu große Verantwortung sein.

Wie gesagt, nicht alle Menschen empfinden dasselbe als Stress. (Laute Rockmusik beispielsweise macht das gut deutlich. Was für den einen ein wunderbares Samstagsabendvergnügen in der Disco ist, kann den anderen schon an den Rand des Nervenzusammenbruchs bringen.) Da Stress aber in seiner belastenden Form (man spricht hier auch von »Disstress«) auf Dauer sowohl psychisch als auch körperlich krank machen kann, hilft es nichts, auf andere zu schauen. Es gibt durchaus Menschen, die erst so richtig in Fahrt kommen, wenn sie unter Druck geraten, und für die Termindruck geradezu ein Lebenselixier zu sein scheint. Aber nicht um diese soll es in diesem Abschnitt gehen, sondern um Sie, die Sie es nicht angenehm finden, wenn die Anforderungen steigen, und sich von Stress geplagt fühlen.

Im Wesentlichen gibt es zwei Möglichkeiten, mit Stress umzugehen: Sie können sich abgrenzen oder anpassen. Doch lassen Sie uns zunächst einmal schauen, wie Sie genau auf Stress reagieren:

»Ich bin so gestresst.«

❧ Heilender Satz: »Obwohl ich so gestresst bin, liebe und akzeptiere ich mich so, wie ich bin.«
❧ Behandlungssatz: »Ich bin so gestresst.«
Kommen Sie ganz aus dem Konzept, wenn die Anforderungen steigen, die an Sie gestellt werden?
❧ Heilender Satz: »Obwohl ich immer so durcheinander bin, wenn die Anforderungen an mich steigen, liebe und akzeptiere ich mich so, wie ich bin.«
❧ Behandlungssatz: »Ich bin immer so durcheinander, wenn die Anforderungen an mich steigen.«
Kommen Sie dann auch leicht ins Schwitzen?
❧ Heilender Satz: »Obwohl ich immer ins Schwitzen komme, wenn ich so viel tun muss, liebe und akzeptiere ich mich so, wie ich bin.«
❧ Behandlungssatz: »Ich komme immer so ins Schwitzen, wenn ich so viel tun muss.«
Haben Sie Angst, dass Sie das nicht alles schaffen?
❧ Heilender Satz: »Obwohl ich Angst habe, dass ich das alles nicht schaffe, liebe und akzeptiere ich mich so, wie ich bin.«
❧ Behandlungssatz: »Ich habe Angst, dass ich das nicht alles schaffe.«
Haben Sie Versagensängste?
❧ Heilender Satz: »Obwohl ich Angst habe zu versagen, liebe und akzeptiere ich mich so, wie ich bin.«
❧ Behandlungssatz: »Ich habe Angst zu versagen.«
Haben Sie Angst, Ihren Vorgesetzten zu enttäuschen?

❋ Heilender Satz: »Obwohl ich Angst habe, meinen Chef zu enttäuschen, liebe und akzeptiere ich mich so, wie ich bin.«

⚘ Behandlungssatz: »Ich habe Angst, meinen Chef zu enttäuschen.«

Haben Sie Angst, Sie könnten Ihren Arbeitsplatz verlieren, wenn Sie die Ihnen aufgetragenen Aufgaben nicht bewältigen?

❋ Heilender Satz: »Obwohl ich Angst habe rauszufliegen, wenn ich das nicht schaffe, liebe und akzeptiere ich mich so, wie ich bin.«

⚘ Behandlungssatz: »Ich habe Angst rauszufliegen, wenn ich das nicht schaffe.«

Haben Sie Angst, den Kunden zu verlieren, wenn Sie den Auftrag nicht schaffen?

❋ Heilender Satz: »Obwohl ich Angst habe, dass ich den Kunden verliere, wenn ich den Auftrag nicht schaffe, liebe und akzeptiere ich mich so, wie ich bin.«

⚘ Behandlungssatz: »Ich habe Angst, dass ich den Kunden verliere, wenn ich den Auftrag nicht schaffe.«

Ist Ihnen zum Heulen zumute, wenn Sie sich überfordert fühlen?

❋ Heilender Satz: »Obwohl ich immer heulen könnte, wenn ich überfordert bin, liebe und akzeptiere ich mich so, wie ich bin.«

⚘ Behandlungssatz: »Ich könnte immer heulen, wenn ich überfordert bin.«

Fühlen Sie sich unter solchen Umständen immer ganz elend?

❧ Heilender Satz: »Obwohl ich mich immer so elend fühle, wenn ich zu viel zu tun habe, liebe und akzeptiere ich mich so, wie ich bin.«

❧ Behandlungssatz: »Ich fühle mich immer so elend, wenn ich so viel zu tun habe.«

Würden Sie dann am liebsten alles hinschmeißen?

❧ Heilender Satz: »Obwohl ich am liebsten immer alles hinschmeißen würde, wenn ich zu viel aufgebürdet kriege, liebe und akzeptiere ich mich so, wie ich bin.«

❧ Behandlungssatz: »Ich würde am liebsten immer alles hinschmeißen, wenn ich zu viel aufgebürdet kriege.«

Empfinden Sie sich als wenig belastbar?

❧ Heilender Satz: »Obwohl ich so wenig belastbar bin, liebe und akzeptiere ich mich so, wie ich bin.«

❧ Behandlungssatz: »Ich bin so wenig belastbar.«

Sind Sie ärgerlich/wütend/traurig, dass Sie so wenig belastbar sind?

❧ Heilender Satz: »Obwohl ich ärgerlich/wütend/traurig bin, weil ich so wenig belastbar bin, liebe und akzeptiere ich mich so, wie ich bin.«

❧ Behandlungssatz: »Ich bin so ärgerlich/wütend/traurig, weil ich so wenig belastbar bin.«

Werden Sie leicht nervös?

❧ Heilender Satz: »Obwohl ich immer so nervös bin, liebe und akzeptiere ich mich so, wie ich bin.«

❧ Behandlungssatz: »Ich bin immer so nervös.«

Würden Sie Ihrem Chef am liebsten an die Gurgel gehen, weil er ständig so hohe Anforderungen an Sie stellt?

⚘ Heilender Satz: »Obwohl ich meinem Chef am liebsten an die Gurgel gehen würde, weil er ständig so hohe Anforderungen an mich stellt, liebe und akzeptiere ich mich so, wie ich bin.«

⚘ Behandlungssatz: »Ich würde meinem Chef am liebsten an die Gurgel gehen, weil er ständig so hohe Anforderungen an mich stellt.«

Fällt es Ihnen schwer, nein zu sagen?

⚘ Heilender Satz: »Obwohl ich mich nicht traue, nein zu sagen, liebe und akzeptiere ich mich so, wie ich bin.«

⚘ Behandlungssatz: »Ich traue mich nicht, nein zu sagen.«

Verlieren Sie Ihr inneres Gleichgewicht, wenn die Anforderungen an Sie wachsen?

⚘ Heilender Satz: »Obwohl ich immer aus meinem inneren Gleichgewicht komme, wenn die Anforderungen an mich wachsen, liebe und akzeptiere ich mich so, wie ich bin.«

⚘ Behandlungssatz: »Ich komme immer aus meinem inneren Gleichgewicht, wenn die Anforderungen an mich wachsen.«

Nachdem Sie sich dergestalt stabilisiert haben, können Sie sich mit einigen kräftigenden Wahlsätzen selbst unter die Arme greifen:

»Ich wähle, in jeder Situation in meiner Mitte zu ruhen.«
»Ich wähle, auch im schlimmsten Stress ruhig und gelassen zu bleiben.«
»Ich wähle, die an mich gestellten Anforderungen voller Kraft und Zuversicht zu erfüllen.«
»Ich wähle, jede neue Herausforderung als Bestätigung meiner selbst willkommen zu heißen.«
»Ich wähle, meinem Chef für sein Vertrauen in mich zu danken.«
»Ich wähle, mich charmant und freundlich gegen zu hohe Anforderungen abzugrenzen.«
»Ich wähle, jede neue Anforderung als Möglichkeit meiner Selbstentfaltung zu lieben.«
»Ich wähle, in jeder Situation mein ganzes Potenzial zu leben.«
»Ich wähle, über jede Anforderung, die an mich gestellt wird, glücklich zu sein.«
»Ich wähle, jederzeit Zugang zu meinem ganzen Potenzial zu haben.«

Erwerbslos – aber zuversichtlich

Was die einen zu viel haben, haben die anderen zu wenig. Manch eine und manch einer, die ihren Arbeitsplatz verloren haben, sehnen sich nach dem Stress zurück, über den sie sich im Job früher beklagten, gibt er einem doch auch ein bisschen das Gefühl, gebraucht zu werden.

Wir werden jetzt nicht versuchen, nach den Ursachen für wachsende Arbeitslosigkeit zu forschen (das gelingt schon genügend anderen nicht zufriedenstellend), und es geht uns in diesem Zusammenhang auch nicht um die, die sich in ihrer Erwerbslosigkeit mehr oder weniger gemütlich einrichten und mit ihrer Situation im großen Ganzen zufrieden sind.

Doch für viele ist der Verlust des Arbeitsplatzes eine persönliche Katastrophe, die ihr gesamtes Leben überschattet und sie in eine tiefe, umfassende Krise stürzt. Dies gilt vor allem auch für die Menschen in den so genannten neuen Bundesländern Deutschlands, die mit dem Staat, in dem sie lebten, beruflich auch gleich selbst »abgewickelt« wurden und aufgrund struktureller Probleme objektiv geringere Chancen haben, in der Nähe ihres Wohnortes neue Arbeit zu finden. Viele von ihnen haben diesen Schock bis heute nicht verarbeitet.

Doch ob Ost oder West, die emotionale Reaktion auf Entlassung ist dieselbe. Wer von Rationalisierung oder Firmenschließung betroffen ist, empfindet im Allgemeinen Fassungslosigkeit, Trauer, Resignation, Wut, Ärger. Und Angst. All diese Gefühle sind urmenschliche Reaktionen auf schlimme Verlusterfahrungen. Daher haben sie große Berechtigung. Vorübergehend. Auf Dauer allerdings lähmen sie und werden kontraproduktiv.

Gemütszustände wie Trauer, Resignation, Hoffnungslosigkeit, Verzweiflung oder auch Opferhaltung sind einer sinnvollen Zukunftsplanung nicht dienlich. Vor allem aber erwächst daraus keine neue Arbeit. Fröhlichen, mitreißenden, positiv eingestellten und vor Ideen nur so strotzenden Mitmenschen erschließen sich neue Perspektiven sehr viel leichter. Welche Gefühlslage steht bei Ihnen im Vordergrund?

Beobachten Sie bitte genau, wie es Ihnen geht und was Sie empfinden. Und bilden Sie dann nach dem vorgegebenen Muster eigene Sätze, die Sie beklopfen.

Angst vor Arbeitslosigkeit

> ⁂ Heilender Satz: »Obwohl ich Angst habe, arbeitslos zu werden, liebe und akzeptiere ich mich so, wie ich bin.«

Behandlungssatz: »Meine Angst, arbeitslos zu werden.«

Heilender Satz: »Obwohl ich Angst habe, dass ich nie wieder eine Arbeit finde, liebe und akzeptiere ich mich so, wie ich bin.«

Behandlungssatz: »Meine Angst, dass ich nie wieder eine Arbeit finde.«

Schock nach der Entlassung

Heilender Satz: »Obwohl es mich schockiert, dass ich arbeitslos geworden bin, liebe und akzeptiere ich mich so, wie ich bin.«

Behandlungssatz: »Es schockiert mich, dass ich arbeitslos geworden bin.«

Traurigkeit über den Verlust des Arbeitsplatzes

Heilender Satz: »Obwohl ich traurig bin, dass ich meine Arbeit verloren habe, liebe und akzeptiere ich mich so, wie ich bin.«

Behandlungssatz: »Ich bin traurig, dass ich meine Arbeit verloren habe.«

Wut/Ärger

Heilender Satz: »Obwohl ich so wütend auf die Firmenleitung bin, dass sie meinen Arbeitsplatz vernichtet hat, liebe und akzeptiere ich mich so, wie ich bin.«

Behandlungssatz: »Ich bin so wütend auf die Firmenleitung, dass sie meinen Arbeitsplatz vernichtet hat.«

Heilender Satz: »Obwohl ich so wütend auf die da oben bin, weil sie mit uns kleinen Leuten machen, was sie wollen, liebe und akzeptiere ich mich so, wie ich bin.«

❧ Behandlungssatz: »Ich bin so wütend auf die da oben bin, weil sie mit uns kleinen Leuten machen, was sie wollen.«

Hilflosigkeit

❦ Heilender Satz: »Obwohl ich mich denen da oben so hilflos ausgeliefert fühle, liebe und akzeptiere ich mich so, wie ich bin.«

❧ Behandlungssatz: »Ich fühle mich denen da oben so hilflos ausgeliefert.«

Resignation

❦ Heilender Satz: »Obwohl ich resigniert habe und nicht mehr glaube, dass ich jemals wieder eine Arbeit finde, liebe und akzeptiere ich mich so, wie ich bin.«

❧ Behandlungssatz: »Ich habe resigniert und glaube nicht mehr, dass ich jemals wieder eine Arbeit finde.«

Hoffnungslosigkeit

❦ Heilender Satz: »Obwohl ich so hoffnungslos bin, liebe und akzeptiere ich mich so, wie ich bin.«

❧ Behandlungssatz: »Ich bin so hoffnungslos.«

Verzweiflung

❦ Heilender Satz: »Obwohl ich so verzweifelt bin, weil ich nicht weiß, wie es weitergehen soll, liebe und akzeptiere ich mich so, wie ich bin.«

❧ Behandlungssatz: »Ich bin so verzweifelt, weil ich nicht weiß, wie es weitergehen soll.«

❁ Heilender Satz: »Obwohl ich so verzweifelt bin, weil alles so ausweglos ist, liebe und akzeptiere ich mich so, wie ich bin.«

❧ Behandlungssatz: »Ich bin so verzweifelt, weil alles so ausweglos ist.«

Das Gefühl der Sinnlosigkeit

❁ Heilender Satz: »Obwohl alles so sinnlos ist, liebe und akzeptiere ich mich so, wie ich bin.«

❧ Behandlungssatz: »Es ist alles so sinnlos.«

Unklare Zukunftsperspektiven

❁ Heilender Satz: »Obwohl ich mir nicht vorstellen kann, was ich tun soll, liebe und akzeptiere ich mich so, wie ich bin.«

❧ Behandlungssatz: »Ich kann mir nicht vorstellen, was ich tun soll.«

❁ Heilender Satz: »Obwohl ich nicht weiß (keine Idee habe), wie es weitergehen soll, liebe und akzeptiere ich mich so, wie ich bin.«

❧ Behandlungssatz: »Ich weiß nicht (habe keine Idee), wie es weitergehen soll.«

Opferhaltung

❁ Heilender Satz: »Obwohl ich mich als Opfer der Umstände sehe, liebe und akzeptiere ich mich so, wie ich bin.«

❧ Behandlungssatz: »Ich sehe mich als Opfer der Umstände.«

❁ Heilender Satz: »Obwohl ich mich als Spielball der Großen sehe, liebe und akzeptiere ich mich so, wie ich bin.«

Behandlungssatz: »Ich sehe mich als Spielball der Großen.«

Wenn Sie jetzt wieder Boden unter den Füßen spüren, Mut und Selbstvertrauen gefasst haben und vielleicht schon ein bisschen hoffnungsvoller in die Zukunft schauen, können Sie diesen Zustand gleich mit Wahlsätzen untermauern.

»Ich wähle zu wissen, dass ich jederzeit die Arbeit bekomme, die ich möchte.«

»Ich wähle zu wissen, dass ich es verdient habe, eine gute Arbeit zu bekommen.«

»Ich wähle, den Mut zu haben, eine Arbeit in einer anderen Stadt (einem anderen Land) anzunehmen.«

»Ich wähle, voller Zuversicht in die Zukunft zu blicken.«

»Ich wähle, die Kraft zu haben, mir meinen weiteren (beruflichen) Lebensweg auszumalen.«

»Ich wähle zu wissen, dass Leben Veränderung ist.«

»Ich wähle zu wissen, dass es immer einen Ausweg gibt.«

»Ich wähle, den tieferen Sinn meiner Arbeitslosigkeit zu erkennen.«

»Ich wähle, vor Ideen in Bezug auf meine weitere Zukunft nur so zu sprudeln.«

»Ich wähle, denen da oben zu verzeihen. Ich weiß, sie haben ihr Bestes getan.«

»Ich wähle zu verstehen, dass ich der Schöpfer meiner beruflichen Laufbahn bin.«

Vielleicht meinte es das Schicksal ja sogar richtig gut mit Ihnen, als es Ihnen mit den Entlassungspapieren so einen ordentlichen Tritt in den Allerwertesten gab. (Manchmal braucht man so etwas.) Denken Sie an das schöne – und sehr wahre – Sprichwort »Jeder ist seines Glückes Schmied«. Für das Schmieden Ihrer weiteren beruflichen Perspektiven wünschen wir Ihnen natürlich sehr viel Spaß, Kraft und Zuversicht. Und wer weiß. Vielleicht wird ja aus einem Menschen, der mit seinem Angestelltendasein auch nicht immer ganz glücklich war, bald sogar eine richtige Unternehmerpersönlichkeit in ihrem Traumberuf.

Lebensfreude im Alter

Der eine fühlt sich mit 30 Jahren schon alt, der andere schwimmt mit 80 Jahren noch wie ein Fisch im Wasser. Für den einen gilt der Wahlspruch: »Ich gehör doch schon zum alten Eisen« oder »Dafür bin ich schon zu alt«, für den anderen »Man ist so jung, wie man sich fühlt.« Alter ist individuell und wird unterschiedlich erlebt. Wie wahr das ist, werden Sie nach der Lektüre dieses Kapitels mit Sicherheit verstehen. In manchen Gegenden dieser Welt ist es keine Seltenheit, dass Menschen ihren 100. Geburtstag feiern. Und in Indien soll es sogar Menschen geben, deren Lebensalter sich auf 300 Jahre beläuft. Kann nicht sein, sagen Sie? Warum eigentlich nicht? Ist alles eine Frage der Einstellung, der verinnerlichten Glaubenssätze. In unseren Breiten verfahren wir gern nach dem Motto, dass nicht sein kann, was nicht sein darf. Und so halten wir uns dann auch mehr oder weniger an die ungeschriebene Regel, die da heißt: Irgendwann zwischen 70 und 80 ist Schluss.

Die Lebenserwartung allerdings steigt stetig. Eine gute Nachricht?

Im Prinzip bestimmt. Wenn auch die Art und Weise, wie unsere reiche westliche Gesellschaft mit dem Alter und den Alten umgeht, häufig genug zu wünschen übrig lässt – gelinde ausgedrückt. Wir sind weit davon entfernt, die reifen Menschen in Ihrer Weisheit zu achten und zu ehren. Dies geschieht nur in ausgesuchten Bereichen: in der Wirtschaft, der Politik, der Kunst und der Musik. Dort findet man manch einen Methusalem, der noch lange nicht ans Aussteigen denkt. Vielen geht es wie einem früheren Nachbarn, der eines Tages – wie es uns schien – aus heiterem Himmel traurig meinte: »Ab morgen bin ich mehr als flüssig. Ab morgen bin ich überflüssig.« Wie sich herausstellte, sprach er von seiner bevorstehenden Pensionierung. Kurze Zeit später war er tot.

Doch schauen wir einmal, was Sie tun können, um auch in der Reife des Lebens noch voller Tatendrang zu sein und einen Sinn im Leben zu sehen.

Die schönste Zeit Ihres Lebens

Man kann über unsere Zeit denken, was man will, aber einige Vorteile hat sie zweifellos. Nicht zuletzt die vielfältigen Möglichkeiten, sich sein Alter zu gestalten, die früher undenkbar gewesen wären. Es liegt ja noch gar nicht viele Generationen zurück, dass die Menschen spätestens mit fünfzig zum »alten Eisen« gehörten, so behandelt wurden und sich auch so fühlten. Das können wir uns heute kaum mehr vorstellen, aber Sie müssen sich nur einmal Fotos Ihrer Großeltern anschauen, als sie so alt waren wie Sie jetzt, um die Unterschiede zu erkennen. Bei allen Vorbehalten, die man völlig zu Recht gegen den herrschenden Jugendwahn vorbringen kann, er hat also auch sein Gutes. Dazu gehört bestimmt, dass es heute so viele positive Beispiele für Menschen gibt, die weit jenseits der Pensionsgrenze große sportliche Leistungen bringen, sich weiterbilden oder in irgendeiner anderen Art »voll im Leben stehen«. Und das sind kei-

neswegs nur die paar Reichen und Prominenten, die wir vom Fernsehschirm her kennen und deren »Jugendlichkeit« wir bewundern. Nein, jeder von uns hat in unserer Zeit auch und gerade, wenn wir sozusagen aus dem Gröbsten raus sind, die Chance, seiner Welt seinen eigenen Stempel aufzudrücken. Wir sollten sie nutzen und verantwortungsbewusst damit umgehen – was auch heißt, etwas dafür zu tun. Leichte, ausgewogene Ernährung, viel stilles Wasser und sanfte Bewegung sind ein guter Anfang. (Und Sie wissen ja: Es ist nie zu früh …)
Also: Welche Träume haben *Sie* von der Zeit nach der Renten- beziehungsweise Pensionsgrenze? Beantworten Sie, ganz für sich, einfach folgende Fragen, um zu wissen, wo Sie stehen, und herauszufinden, was Sie eventuell beklopfen können.
Sehen Sie die Jahre nach der Verrentung/Pensionierung als eine Erweiterung Ihres bisherigen Lebens mit einem höheren Freiheitsgrad?
Wie verbringen Sie Ihre Tage?
Was fangen Sie neu an?
Wo und wie leben Sie?
Welche Pläne schmieden Sie für die kommenden Jahrzehnte?
Was tun Sie für die Gemeinschaft?
Wie ernähren Sie sich?
Welchen Sinn möchten Sie Ihrem Leben geben?
Welche Hobbys haben Sie, welchen Verbänden, Interessensgemeinschaften, Vereinen und dergleichen treten Sie bei?

Wie sehen Sie aus?
Wie fühlen Sie sich?
Welche Aufgaben nehmen Sie sich vor?
Wofür geben Sie Ihr Geld aus?
Welchen Sport betreiben Sie?
Haben Sie Haustiere?
Welche Reisen unternehmen Sie?
Was tun Sie für Ihre Bildung?
Welche Risiken möchten Sie bewusst eingehen?
Mit welchen Menschen sind Sie regelmäßig zusammen?
Welche Wünsche erfüllen Sie sich?
Welche Verantwortung empfinden Sie gegenüber den kommenden Generationen?
Die Antworten, die Sie sich auf diese Fragen geben, die Träume, die Sie entwerfen, werden sehr individuell ausfallen und sich auch je nach dem Datum, das auf Ihrer Geburtsurkunde steht, unterscheiden.
Wir wissen natürlich nicht, wie alt Sie sind, der/die Sie dieses Buch gerade in der Hand haben. Vielleicht wäre es für Sie persönlich in der Tat noch sehr früh, die Vorbehalte zu beklopfen, die Sie gegen das Altwerden hegen. Falls Sie jedoch das Gefühl haben sollten, bald »in die Jahre« zu kommen, möchten wir Sie einladen, ein kleines Experiment zu wagen, um das Alter zur schönsten Zeit Ihres Lebens zu machen. Damit das aber der Fall sein kann, sollten Sie mit den Sorgen und Kümmernissen des Lebens Frieden geschlossen haben. Deshalb schlagen wir Ihnen vor, sich zunächst einmal den Din-

gen zu widmen, die Sie belasten, sie zu benennen und dann zu beklopfen. Wir haben hier wieder einige Beispiele zusammengestellt:

»Ich bin so traurig, weil man Mann/meine Frau gestorben ist.«

❧ Heilender Satz: »Obwohl ich so traurig bin, weil mein Mann/meine Frau gestorben ist, liebe und akzeptiere ich mich so, wie ich bin.«

❧ Behandlungssatz: »Ich bin so traurig, weil mein Mann/meine Frau gestorben ist.«

»Ich vermisse meinen Mann/meine Frau so sehr.«

❧ Heilender Satz: »Obwohl ich meinen Mann/meine Frau so sehr vermisse, liebe und akzeptiere ich mich so, wie ich bin.«

❧ Behandlungssatz: »Ich vermisse meinen Mann/meine Frau so sehr.«

»Mir fehlt mein Mann/meine Frau so sehr.«

❧ Heilender Satz: »Obwohl mir mein Mann/meine Frau so sehr fehlt, liebe und akzeptiere ich mich so, wie ich bin.«

❧ Behandlungssatz: »Mein Mann/meine Frau fehlt mir so sehr.«

»Ich bin so traurig, weil meine Kinder mich nicht besuchen.«

❧ Heilender Satz: »Obwohl ich so traurig bin, weil meine Kinder mich nicht besuchen, liebe und akzeptiere ich mich so, wie ich bin.«

❧ Behandlungssatz: »Ich bin so traurig, weil meine Kinder mich nicht besuchen.«

»Ich bin so traurig, weil ich so allein bin.«

⚘ Heilender Satz: »Obwohl ich so traurig bin, weil ich so allein bin, liebe und akzeptiere ich mich so, wie ich bin.«

⚘ Behandlungssatz: »Ich bin so traurig, weil ich so allein bin.«

»Ich bin so traurig, weil ich niemanden habe.«

⚘ Heilender Satz: »Obwohl ich so traurig bin, weil ich niemanden habe, liebe und akzeptiere ich mich so, wie ich bin.«

⚘ Behandlungssatz: »Ich bin so traurig, weil ich niemanden habe.«

»Ich bin so traurig, weil ich mit meinen Kindern zerstritten bin.«

⚘ Heilender Satz: »Obwohl ich so traurig bin, weil ich mit meinen Kindern zerstritten bin, liebe und akzeptiere ich mich so, wie ich bin.«

⚘ Behandlungssatz: »Ich bin so traurig, weil ich mit meinen Kindern zerstritten bin.«

Sind Sie enttäuscht/traurig, weil aus Ihren Kindern »nichts geworden« ist?

⚘ Heilender Satz: »Obwohl ich enttäuscht/traurig bin, weil aus meinen Kindern nichts geworden ist, liebe und akzeptiere ich mich so, wie ich bin.«

⚘ Behandlungssatz: »Ich bin so enttäuscht/traurig, weil aus meinen Kindern nichts geworden ist.«

Haben Sie Schuldgefühle, weil Sie den Kindern »nicht genug gegeben« haben?

⚘ Heilender Satz: »Obwohl ich mich schuldig

fühle, weil ich meinen Kindern nicht genug gegeben habe, liebe und akzeptiere ich mich so, wie ich bin.«

⚘ Behandlungssatz: »Ich fühle mich schuldig, weil ich meinen Kindern nicht genug gegeben habe.«

Sind Sie traurig, weil die Kinder zerstritten sind?

❀ Heilender Satz: »Obwohl ich so traurig bin, weil meine Kinder zerstritten sind, liebe und akzeptiere ich mich so, wie ich bin.«

⚘ Behandlungssatz: »Ich bin traurig, weil meine Kinder zerstritten sind.«

Fühlen Sie sich enttäuscht vom Leben?

❀ Heilender Satz: »Obwohl ich so enttäuscht vom Leben bin, liebe und akzeptiere ich mich so, wie ich bin.«

⚘ Behandlungssatz: »Ich bin so enttäuscht vom Leben.«

Sind Sie traurig, weil Sie sich vom Leben benachteiligt fühlen?

❀ Heilender Satz: »Obwohl ich so traurig bin, weil ich vom Leben so benachteiligt wurde, liebe und akzeptiere ich mich so, wie ich bin.«

⚘ Behandlungssatz: »Ich bin so traurig, weil ich vom Leben so benachteiligt wurde.«

Vertriebenenproblematik

❀ Heilender Satz: »Obwohl ich so traurig bin, weil ich damals aus meiner Heimat vertrieben wurde, liebe und akzeptiere ich mich so, wie ich bin.«

⚘ Behandlungssatz: »Ich bin so traurig, weil ich damals aus meiner Heimat vertrieben wurde.«

Kriegsangst

❧ Heilender Satz: »Obwohl ich Angst habe, dass es wieder Krieg gibt, liebe und akzeptiere ich mich so, wie ich bin.«

❧ Behandlungssatz: »Ich habe Angst, dass es wieder Krieg gibt.«

Zum letzten Beispielsatz möchten wir Ihnen einen Fall erzählen, der uns von einer unserer Seminarteilnehmerinnen, Frau B., berichtet wurde. Sie arbeitete in einem Altenheim und betreute dort eine Dame von 90 Jahren. Diese weigerte sich, ihr Essen zu sich zu nehmen, gab es aber auch nicht her, sondern hielt es fest. Auf Nachfrage brachte sie vor, sie habe Angst, dass es wieder Krieg geben könne und sie dann wieder nichts zu essen habe. Daraufhin beklopfte unsere Seminarteilnehmerin diese Angst der alten Dame, dass es wieder Krieg geben könne und sie wieder Hunger leiden müsse. Als sie nach 15 Minuten wiederkam, hatte die alte Dame ihren Teller komplett leer gegessen. Nach 14 Tagen fragte sie, ob Frau B. »diesen Hokuspokus« nicht noch einmal mit ihr machen könne, denn sie habe immer noch ein bisschen Angst, dass es wieder Krieg geben könne. Frau B. wiederholte die Behandlung unter dem Aspekt der Kriegsangst. Danach blühte die Dame förmlich auf, strahlte und sagte: »So, jetzt muss ich auch keine Tagesschau mehr gucken.« Die Angst vor Krieg war komplett aufgelöst, die Frau konnte wieder essen und ihr Leben genießen.

Dieses Beispiel ist in mehrerlei Hinsicht interessant: Zunächst einmal zeigt es, dass man ältere Menschen wunderbar beklopfen kann. Zweitens demonstriert es, dass Erlebnisse aus der Vergangenheit uns bis in die Gegenwart hinein beeinträchtigen können. Und drittens zeigt dieses Beispiel, dass man zwischen den verschiedenen Gefühlen genau unterscheiden muss. Einmal wurde die Angst beklopft, dass es wieder Krieg geben könne und die Frau dann wieder Hunger leiden müsse. Dann wurde die Angst beklopft, dass es wieder Krieg gibt. Das Ganze hat insgesamt vielleicht zweimal zehn Minuten gedauert. Können Sie sich vorstellen, wie viel Leid innerhalb derart kurzer Zeit aufgelöst werden kann?

Je öller, je döller

Wenn Sie all diese möglichen belastenden Emotionen auflösen, werden Sie eventuell feststellen, dass sich sogar Ihre körperliche Befindlichkeit verbessert. Es gibt aber auch hier noch eine Instanz, die es zu beachten gilt, nämlich das, was Sie über das Altern, das Altwerden, Ihr Altwerden, Ihr Altern glauben. Haben Sie darüber schon einmal nachgedacht? Sie können davon ausgehen, dass Sie auch und gerade in Bezug auf diesen Teil des Lebens Ihre Meinungen, Überzeugungen, Glaubenssätze haben. Dazu folgende Überlegungen: Wie kann es angehen, dass manche Menschen mit 70, andere mit 80, wieder andere mit 90 und in anderen Teilen der Welt sogar erst mit 100 oder gar 300 Jahren sterben? Die herkömmliche Erklärung lautet: Die Uhr ist abgelaufen. Wenn es dich erwischen soll, dann erwischt es dich überall. Der liebe Herrgott bestimmt über die uns zugeteilte Lebenszeit. Und so weiter, und so fort. Aber einmal angenommen, den lieben Gott interessiert es gar nicht, ob und wann wir sterben. Wer könnte dann die Entscheidung treffen? Ihre Eltern oder Großeltern? Ihr Nachbar? Oder vielleicht Sie selbst? Stellen Sie sich einmal vor, Sie haben selbst irgendwann einmal beschlossen, mit 70 oder 80 Jahren zu sterben, weil schon Ihre Eltern oder Großeltern in diesem Alter das Zeitliche segneten. Aber wenn Sie diese Entscheidung – unbewusst – treffen konnten, können Sie sie ja auch revidieren, nicht wahr?

Wenn Sie neugierig geworden sind und Lust bekommen haben, kann sich Ihre Befindlichkeit noch mehr verbessern, wenn Sie Ihre inneren Begrenzungen und Glaubenssätze über das Altern aufdecken und mit MET auflösen. Fangen wir doch gleich mit einem weit verbreiteten Glaubenssatz an. (Wohl gemerkt, nur weil es alle tun, muss es nicht wahr sein!)

»Es ist völlig normal, dass man stirbt.«

❧ Heilender Satz: »Obwohl ich es völlig normal finde, dass man stirbt, liebe und akzeptiere ich mich so, wie ich bin.«

❧ Behandlungssatz: »Ich finde es völlig normal, dass man stirbt.«

»Es ist normal, dass man mit 70 bis 80 Jahren stirbt.«

❧ Heilender Satz: »Obwohl ich glaube, dass es normal ist, dass man mit 70 bis 80 Jahren stirbt, liebe und akzeptiere ich mich so, wie ich bin.«

❧ Behandlungssatz: »Ich glaube, dass es normal ist, dass man mit 70 bis 80 Jahren stirbt.«

»Ich kann mir nicht vorstellen, dass ich älter werde als meine Eltern.«

❦ Heilender Satz: »Obwohl ich mir nicht vorstellen kann, dass ich älter werde als meine Eltern, liebe und akzeptiere ich mich so, wie ich bin.«

❧ Behandlungssatz: »Ich kann mir nicht vorstellen, dass ich älter werde als meine Eltern.«

»Ich bin absolut überzeugt, dass man im Alter grau und runzelig wird.«

❦ Heilender Satz: »Obwohl ich absolut überzeugt bin, dass man im Alter grau und runzelig wird, liebe und akzeptiere ich mich so, wie ich bin.«

❧ Behandlungssatz: »Ich absolut überzeugt, dass man im Alter grau und runzelig wird.«

»Ich glaube mit jeder Zelle meines Körpers, dass Altsein mit Siechtum und Schmerzen einhergeht.«

❦ Heilender Satz: »Obwohl ich mit jeder Zelle meines Körpers glaube, dass Altsein mit Siechtum und Schmerzen einhergeht, liebe und akzeptiere ich mich so, wie ich bin.«

❧ Behandlungssatz: »Ich glaube mit jeder Zelle meines Körpers, dass Altsein mit Siechtum und Schmerzen einhergeht.«

»Im Alter wird man vergesslich.«

❦ Heilender Satz: »Obwohl ich tief und fest glaube, dass man im Alter vergesslich wird, liebe und akzeptiere ich mich so, wie ich bin.«

❧ Behandlungssatz: »Ich glaube tief und fest daran, dass man im Alter vergesslich wird.«

»Ich glaube, dass Altwerden und Altsein eine Qual ist.«

- Heilender Satz: »Obwohl ich glaube, dass Altwerden und Altsein eine Qual ist, liebe und akzeptiere ich mich so, wie ich bin.«
- Behandlungssatz: »Ich glaube, dass Altwerden und Altsein eine Qual ist.«

Forschen Sie ruhig noch weiter nach, welche Glaubenssätze und Überzeugungen Sie davon abhalten, in geistiger und körperlicher Bestverfassung weiter zu reifen. Und dann klopfen Sie beharrlich eine Blockade nach der anderen, bis Sie sich erleichtert fühlen. Wenn Sie Ihre Vergangenheit dann aufgearbeitet, Frieden geschlossen und mit Ihren Überzeugungen aufgeräumt haben, dann kann das Alter in der Tat schön sein. Bekräftigen Sie es mit Wahlsätzen wie diesen:

»Ich wähle, mir alle Fehler der Vergangenheit von ganzem Herzen zu verzeihen.«

»Ich wähle, die Vergangenheit in Frieden loszulassen und das Hier und Jetzt in vollen Zügen zu genießen.«

»Ich wähle, mich für das, was ich in meinem Leben geschaffen habe, zu würdigen.«

»Ich wähle, neugierig auf die Zukunft zu sein.«

»Ich wähle, die kommenden Jahre voller Neugier willkommen zu heißen.«

»Ich wähle zu wissen, dass ich allein bestimme, in welcher körperlichen Verfassung ich bin.«

»Ich wähle zu wissen, dass ich allein bestimme, ob und wann ich sterbe.«

»Ich wähle, mit zunehmendem Alter geistig und körperlich immer fitter zu werden.«
»Ich wähle, im Alter körperlich und geistig so fit zu sein wie mit 20 Jahren.«
»Ich wähle, mit den Jahren mehr und mehr zu meiner geistigen und körperlichen Hochform aufzulaufen.«
»Ich wähle zu verstehen, dass meine Kinder ein Recht auf ihr eigenes Leben haben.«

Na, wie fühlen Sie sich jetzt? Es wäre übrigens keine schlechte Idee, und das wiederholen wir an dieser Stelle ganz bewusst, diese emotional-energetischen Veränderungen durch gesunde Ernährung nach Ihren Wünschen, körperliche Bewegung nach Ihren Bedürfnissen und durch ein Training Ihrer geistigen Beweglichkeit noch zu unterstützen.
Und denken Sie daran: Unsere Zellen erneuern sich ständig, ein ganzes Leben lang. Wenn wir altern, so hat das mit unseren Glaubenssätzen und den Kümmernissen des Lebens zu tun. Daher nimmt das Altern im Geist seinen Anfang oder, anders gesagt, wir denken uns alt. Spätestens jetzt dürfte Ihnen der Wahrheitsgehalt des geflügelten Wortes »Man ist so jung, wie man sich fühlt« klar geworden sein.

Zukunftsplanung

Wenn Sie jetzt Lust auf mehr bekommen haben, vielleicht auf einen Neuanfang, wenn Sie noch mal durchstarten wollen, so können wir das gut verstehen und nur unterstützen. Das Schöne am Leben ist ja, dass wir jeden einzelnen Tag zum Anlass nehmen können, etwas Neues anzufangen.

Unsere Seminare werden von vielen Menschen jenseits der sechzig besucht. Und die sind fit! Die bilden sich fort, arbeiten an sich, erschließen sich neue Möglichkeiten und sind überhaupt von einer unglaublichen Neugier auf das Leben. Eine 75-jährige Teilnehmerin, eine pensionierte Pastorin, sagte beispielsweise nach dem Seminar voller Vorfreude: »Jetzt fängt für mich ein neues Leben an.« Was sie in ihrer Begeisterung anstellen wollte, wissen wir nicht. Aber allein diese neugierige, freudige Haltung dem Leben gegenüber ist toll genug. Daraus erwachsen dann neue Perspektiven. Vielleicht fängt sie ein neues Studium an oder macht noch einmal eine Ausbildung. Nicht mehr jung genug? Von wegen! Zugegeben, Studenten in dieser Altersgruppe gehören aktuell noch nicht zur gesellschaftlichen Mehrheit. Aktivitäten und Neuanfänge sind im Breitensport der reiferen Bevölkerung nicht direkt Lieblingsdisziplinen.

Und wir wollen auch nicht behaupten, dass es immer leicht ist. Das Einzige, was wir sagen, ist: Es zahlt sich aus und macht enormen Spaß.

Wenn Sie sich im Angesicht der Lust auf einen Neuanfang jetzt kleiner Hemmnisse bewusst werden, die es Ihnen vergällen, wirklich noch einmal durchzustarten, ist das weiter kein Problem: Dafür ist MET doch da!

Hier zunächst ein paar allgemeine Sätze, die Ihrem Neustart im Wege stehen könnten:

»Ich habe Angst, dass das alles nicht funktioniert.«

❧ Heilender Satz: »Obwohl ich Angst habe, dass das alles nicht funktioniert, liebe und akzeptiere ich mich so, wie ich bin.«

❧ Behandlungssatz: »Ich habe Angst, dass das alles nicht funktioniert.«

»Ich schäme mich, in meinem Alter noch etwas Neues zu wagen.«

❧ Heilender Satz: »Obwohl ich mich schäme, in meinem Alter noch etwas Neues zu wagen, liebe und akzeptiere ich mich so, wie ich bin.«

❧ Behandlungssatz: »Ich schäme mich, in meinem Alter noch etwas Neues zu wagen.«

»Ich habe Angst, auf die Nase zu fallen.«

Heilender Satz: »Obwohl ich Angst habe, auf die Nase zu fallen, liebe und akzeptiere ich mich so, wie ich bin.«
Behandlungssatz: »Ich habe Angst, auf die Nase zu fallen.«
»Ich habe Angst, dass die anderen mich auslachen.«
Heilender Satz: »Obwohl ich Angst habe, dass die anderen mich auslachen, liebe und akzeptiere ich mich so, wie ich bin.«
Behandlungssatz: »Ich habe Angst, dass die anderen mich auslachen.«

Nach dem Beklopfen dieser allgemeinen Sätze dürften Sie schon ein kleines bisschen zuversichtlicher sein. Völlig zu Recht, denn es gibt etliche Möglichkeiten, das Ruder seines Lebens nach dem »Stichtag« der Verrentung oder Pensionierung noch einmal ganz neu an sich zu reißen. Die meisten bewegen sich auf den Gebieten Freundschaft, Beruf und neue Liebe. Ein bisschen mehr dazu finden Sie in den folgenden Abschnitten.

Neue Freundschaften

Im Alter leiden viele Menschen unter Vereinsamung. Ein Leben lang war man nur für die Kinder, die Familie, den Beruf da. Jetzt, da die Kinder aus dem Haus sind und auch der Job seinen Tribut nicht mehr fordert, wäre Kontakt zu anderen Menschen herzlich willkommen. Aber vielleicht haben Sie im Eifer des Alltagsstresses ja versäumt, Freundschaften zu schließen und/oder zu

pflegen. Und jetzt wird Leere spürbar. Oft bleibt dann nur der Fernseher, um sie scheinbar zu füllen.
Ob allein oder zu zweit: Fassen Sie den Mut, mit anderen Menschen Kontakt aufzunehmen. Gehen Sie in einen Verein. Schließen Sie sich einem Interessenverband an. Und das müssen nicht immer unbedingt Seniorenclubs sein. Vielleicht sogar lieber nicht. Denn unseres Erachtens tut es gar nicht so gut, wenn man sich nur in der eigenen Altersgruppe aufhält. Gerade unter reiferen Menschen gehört es beinahe schon zu den Lieblingsbeschäftigungen, sich über seine Krankheiten und andere vermeintlich unausweichliche »Alterserscheinungen« zu unterhalten. Für Sie, der/die Sie doch gerade all Ihre diesbezüglichen Glaubenssätze aufgelöst haben, wäre das fatal. Aber vermutlich machen Ihnen solche Gespräche auch gar keinen Spaß mehr.
Suchen Sie sich also am besten einen altersübergreifenden Verein oder Verband. Engagieren Sie sich in Umweltvereinen, im Kinder- oder Tierschutz. Oder machen Sie irgendetwas Karitatives. Vielleicht bereiten Sie eine Karriere als Künstler/-in vor, indem Sie sich zunächst für einen Mal- und Zeichenkurs an der Volkshochschule anmelden. Oder was auch immer. Erkennen Sie Ihre ganz besonderen Neigungen und Fähigkeiten, und suchen Sie sich etwas, das Sie schon immer haben tun wollen, wozu Sie aufgrund anderer Verpflichtungen aber nie gekommen sind. Und wenn Sie dabei das eine oder andere hinderliche Gefühl empfinden, beklopfen Sie es mit MET:

»Ich bin so traurig, weil ich so allein bin.«

❦ Heilender Satz: »Obwohl ich traurig bin, weil ich so allein bin, liebe und akzeptiere ich mich so, wie ich bin.«

❧ Behandlungssatz: »Ich bin traurig, weil ich so allein bin.«

»Ich weiß nicht, wie ich Kontakt zu anderen Menschen aufnehmen kann.«

❦ Heilender Satz: »Obwohl ich nicht weiß, wie ich Kontakt zu anderen Menschen aufnehmen kann, liebe und akzeptiere ich mich so, wie ich bin.«

❧ Behandlungssatz: »Ich weiß nicht, wie ich Kontakt zu anderen Menschen aufnehmen kann.«

»Ich traue mich nicht, mich einer bestehenden Gruppe anzuschließen.«

❦ Heilender Satz: »Obwohl ich mich nicht traue, mich einer bestehenden Gruppe anzuschließen, liebe und akzeptiere ich mich so, wie ich bin.«

❧ Behandlungssatz: »Ich traue mich nicht, mich einer bestehenden Gruppe anzuschließen.«

»Ich habe Angst, dass die mich ausschließen.«

❦ Heilender Satz: »Obwohl ich Angst habe, dass die mich ausschließen, liebe und akzeptiere ich mich so, wie ich bin.«

❧ Behandlungssatz: »Ich habe Angst, dass die mich ausschließen.«

»Ich habe Angst, dass ich nicht angenommen werde.«

❦ Heilender Satz: »Obwohl ich Angst habe, dass ich nicht angenommen werde, liebe und akzeptiere ich mich so, wie ich bin.«

❧ Behandlungssatz: »Ich habe Angst, dass ich nicht angenommen werde.«

»Ich weiß gar nicht, was für einer Gruppe ich mich anschließen soll.«

❦ Heilender Satz: »Obwohl ich gar nicht weiß, was für einer Gruppe ich mich anschließen soll, liebe und akzeptiere ich mich so, wie ich bin.«

❧ Behandlungssatz: »Ich weiß gar nicht, was für einer Gruppe ich mich anschließen soll.«

»Ich habe Angst vor anderen Menschen.«

❦ Heilender Satz: »Obwohl ich Angst vor anderen Menschen habe, liebe und akzeptiere ich mich so, wie ich bin.«

❧ Behandlungssatz: »Ich habe Angst vor anderen Menschen.«

Finden Sie es anstrengend, sich einen Platz in einer Gruppe zu erobern?

❦ Heilender Satz: »Obwohl ich es so anstrengend finde, mir einen Platz in einer Gruppe zu erobern, liebe und akzeptiere ich mich so, wie ich bin.«

❧ Behandlungssatz: »Ich finde es so anstrengend, mir einen Platz in einer Gruppe zu erobern.«

Haben Sie Angst, unter Menschen zu gehen?

❦ Heilender Satz: »Obwohl ich Angst habe, unter Menschen zu gehen, liebe und akzeptiere ich mich so, wie ich bin.«

❧ Behandlungssatz: »Ich habe Angst, unter Menschen zu gehen.«

Haben Sie Angst, Ihre eigenen vier Wände zu verlassen?

❧ Heilender Satz: »Obwohl ich Angst habe, meine eigenen vier Wände zu verlassen, liebe und akzeptiere ich mich so, wie ich bin.«

❧ Behandlungssatz: »Ich habe Angst, meine eigenen vier Wände zu verlassen.«

Denken Sie: Mich will ja sowieso niemand mehr?

❧ Heilender Satz: »Obwohl ich glaube, dass mich ja sowieso niemand will, liebe und akzeptiere ich mich so, wie ich bin.«

❧ Behandlungssatz: »Ich glaube, dass mich ja sowieso niemand will.«

Forschen Sie weiter, was Sie daran hindert, den Kontakt zu anderen Menschen zu suchen.

Berufliche Qualifikationen nutzen – Wissen ist Macht

Hatten Sie das Glück, einen Beruf auszuüben, der Sie sehr ausgefüllt hat und in dem Sie richtig gut waren? Warum machen Sie damit nicht einfach weiter? Wie wäre es mit einem Ehrenamt? Könnte es Ihnen nicht Spaß machen, der nächsten Generation Ihr Wissen und Ihre Kenntnisse zu vermitteln? Solche Menschen wie Sie werden gesucht – gerade in Zeiten, in denen die Gelder für öffentliche Einrichtungen immer mehr reduziert werden. Viele jüngere Erwerbslose, die sich dafür entscheiden, eine Ich-AG zu gründen, lassen sich dabei etwa von »Aktiv-Senioren« beraten, von »alten Hasen« also, die lange in der Wirtschaft tätig waren und über einen enormen Erfahrungsschatz verfügen.

Oder hätten Sie mehr Lust darauf, sich an einer Universität einzuschreiben? Warum nicht! Alles ist möglich. Auch hier sind es meistens Glaubenssätze und belastende Emotionen, die diesen Weg versperren. Einige Beispiele:

»Ich habe Angst, abgelehnt zu werden.«

❀ Heilender Satz: »Obwohl ich Angst habe, abgelehnt zu werden, liebe und akzeptiere ich mich so, wie ich bin.«

❧ Behandlungssatz: »Ich habe Angst, abgelehnt zu werden.«

»Ich habe Angst, ausgelacht zu werden.«

❀ Heilender Satz: »Obwohl ich Angst habe, ausgelacht zu werden liebe und akzeptiere ich mich so, wie ich bin.«

❧ Behandlungssatz: »Ich habe Angst, ausgelacht zu werden.«

»Ich habe Angst, mich lächerlich zu machen.«

❀ Heilender Satz: »Obwohl ich Angst habe, mich lächerlich zu machen, liebe und akzeptiere ich mich so, wie ich bin.«

❧ Behandlungssatz: »Ich habe Angst, mich lächerlich zu machen.«

»Ich habe Angst, das nicht zu schaffen.«

❀ Heilender Satz: »Obwohl ich Angst habe, das nicht zu schaffen, liebe und akzeptiere ich mich so, wie ich bin.«

❧ Behandlungssatz: »Ich habe Angst, das nicht zu schaffen.«

»Ich habe Angst, dass mir die Kraft fehlt.«

❀ Heilender Satz: »Obwohl ich Angst habe, dass mir die Kraft fehlt, liebe und akzeptiere ich mich so, wie ich bin.«

❧ Behandlungssatz: »Ich habe Angst, dass mir die Kraft fehlt.«

Eine neue Partnerschaft

Für viele der Königsweg zum Neuanfang: ein neuer Partner, eine neue Partnerin. Wer jedoch viele Jahrzehnte lang verheiratet war, dem fällt es mitunter sehr schwer, sich auch nur vorzustellen, noch einmal eine Liebesbeziehung einzugehen. Oft hält die Treue weit über den Tod hinaus.

Wenn Sie Ihre Trauer jedoch mit MET auflösen, werden Sie Ihren verstorbenen Partner in Ehren halten und doch wieder Mut fassen können, es noch einmal mit der Zweisamkeit zu versuchen. Innere Haltungen, die es Ihnen unmöglich machen können, einen neuen Partner zu finden:

»Ich komme mir vor wie ein Verräter, wenn ich mir einen neuen Partner suche.«

❀ Heilender Satz: »Obwohl ich mir wie ein Verräter vorkomme, wenn ich mir einen neuen Partner suche, liebe und akzeptiere ich mich so, wie ich bin.«

❧ Behandlungssatz: »Ich komme mir vor wie ein Verräter, wenn ich mir einen neuen Partner suche.«

»Ich fühle mich meinem verstorbenen Ehepartner gegenüber schuldig.«

❧ Heilender Satz: »Obwohl ich mich meinem verstorbenen Ehepartner gegenüber schuldig fühle, wenn ich mir einen neuen Partner suche, liebe und akzeptiere ich mich so, wie ich bin.«

❧ Behandlungssatz: »Ich fühle mich meinem verstorbenen Ehepartner gegenüber schuldig, wenn ich mir einen neuen Partner suche.«

»Ich finde es unschicklich, in meinem Alter mit einem neuen Partner anzubändeln.«

❧ Heilender Satz: »Obwohl ich es unschicklich finde, in meinem Alter mit einem neuen Partner anzubändeln, liebe und akzeptiere ich mich so, wie ich bin.«

❧ Behandlungssatz: »Ich finde es unschicklich, in meinem Alter mit einem neuen Partner anzubändeln.«

»Ich kann mir gar nicht vorstellen, einen neuen Partner zu haben.«

❧ Heilender Satz: »Obwohl ich es mir gar nicht vorstellen kann, einen neuen Partner zu haben, liebe und akzeptiere ich mich so, wie ich bin.«

❧ Behandlungssatz: »Ich kann es mir gar nicht vorstellen, einen neuen Partner zu haben.«

»Ich würde es mir nie verzeihen, wenn ich eine neue Partnerschaft eingehen würde.«

❧ Heilender Satz: »Obwohl ich es mir nie verzeihen würde, wenn ich eine neue Partnerschaft eingehe, liebe und akzeptiere ich mich so, wie ich bin.«

❧ Behandlungssatz: »Ich würde es mir nie verzeihen, wenn ich eine neue Partnerschaft eingehe.«

Lassen Sie uns dieses Kapitel mit einigen Wahlsätzen abschließen, die Ihre neue Einstellung in Bezug auf einen Neuanfang im Alter untermauern:

»Ich wähle zu wissen, dass ein Neuanfang jederzeit möglich ist.«

»Ich wähle, den Mut zu haben, etwas Neues zu beginnen.«

»Ich wähle, meine neuen Aufgaben voller Elan anzupacken.«

»Ich wähle, mir meiner Erfahrung und Weisheit voller Stolz bewusst zu werden.«

»Ich wähle, meinen vielen Ideen Raum zu geben.«

»Ich wähle, neue Aufgaben mit der Kraft eines 20-Jährigen anzupacken.«

»Ich wähle zu wissen, dass ich auch und gerade in meinem Alter das Recht habe, mich in der Form, für die ich mich entscheide, zu verwirklichen.«

»Ich wähle, mir meines ganz besonderen Potenzials bewusst zu werden.«

»Ich wähle, mich für meine Erfahrungen und für meine Weisheit aus tiefstem Herzen zu lieben und zu achten.«

Falls wir ein bisschen dazu beitragen durften, dass Sie jetzt noch einmal richtig durchstarten, freuen wir uns von ganzem Herzen mit Ihnen.

Geld und Finanzen

Von Oscar Wilde, dem bedeutenden englischsprachigen Schriftsteller, ist die Erkenntnis überliefert: »Als ich klein war, glaubte ich, Geld sei das Wichtigste im Leben. Heute, da ich alt bin, weiß ich: Es stimmt.«

Mit einer solchen Äußerung würde er heute bei vielen Menschen auf erhebliche innere Widerstände stoßen. Denn Geld genießt in unserer Gesellschaft keinen guten Ruf, wie Studien des Mannheimer Forschungsinstituts Sinus Sociovision in den Jahren 2003 und 2004 ergeben haben. Das Thema wird tabuisiert, seine Komplexität verursacht Angst und Unsicherheit, Finanzwissen gilt als moralisch fragwürdig. 45 Prozent aller Bundesbürgerinnen und -bürger meiden das Thema mehr oder weniger ganz, verschließen die Augen davor (»Über Geld spricht man nicht«) – für den selbstverantwortlichen Umgang mit den eigenen Ressourcen nicht gerade eine gute Voraussetzung.

Warum das so ist, wollen wir hier gar nicht erörtern, wie ohnehin eine erschöpfende Würdigung der zugegebenermaßen komplexen Thematik den Rahmen dieses Buches weit überschreiten würde.

Was wir Ihnen für die folgenden Seiten aber versprechen können, sind handfeste sachdienliche Hinweise darauf, wie Sie ermitteln können, ob Ihr Umgang mit Geld frei und ungezwungen ist (»Geld bringt Spaß und Erfolg«) oder ob er belastend auf Sie wirkt. Denn wäre es nicht toll, wenn Sie herausfinden könnten, was Sie davon abhält, im Geld zu schwimmen?

»Am Ende des Geldes ist immer noch viel zu viel Monat übrig«

Ultimo. Sie schauen in Ihr Portemonnaie, in die Brieftasche oder werfen einen Blick auf Ihren Kontostand: gähnende Leere, trauriges Minus. Das Geld scheint nie zu reichen, und zum Monatsende wird es dann erst recht knapp. Auf schmerzhafte Weise müssen Sie erkennen: Geld ist nicht alles, aber ohne Geld ist alles nichts. In solchen Momenten, in denen die individuelle Bewegungsfreiheit auf ein Minimum reduziert ist, bekommt man seine Bedeutung hautnah mit. Dann kann man es sich natürlich leicht machen und alle Finanzfrustrationen an Leuten auslassen, die monetär besser ausgestattet sind. Oder aber anfangen, den eigenen Umgang mit dem universellen Tauschmittel neu zu gestalten.

Also noch einmal zurück zum Monatsende. Die Kasse ist leer. Völlige Ebbe. Wie fühlen Sie sich? Welches

Empfinden kriecht in Ihnen hoch? Vielleicht finden Sie sich in folgenden Emotionen wieder:

»Ich habe Angst zu verhungern.«

❧ Heilender Satz: »Obwohl ich Angst habe zu verhungern, liebe und akzeptiere ich mich so, wie ich bin.«

❧ Behandlungssatz: »Ich habe Angst zu verhungern.«

»Ich habe Angst, dass ich meine Rechnungen nicht bezahlen kann.«

❧ Heilender Satz: »Obwohl ich Angst habe, dass ich meine Rechnungen nicht bezahlen kann, liebe und akzeptiere ich mich so, wie ich bin.«

❧ Behandlungssatz: »Ich habe Angst, dass ich meine Rechnungen nicht bezahlen kann.«

»Ich schäme mich, dass ich schon wieder kein Geld habe.«

❧ Heilender Satz: »Obwohl ich mich schäme, dass ich schon wieder kein Geld habe, liebe und akzeptiere ich mich so, wie ich bin.«

❧ Behandlungssatz: »Ich schäme mich, dass ich schon wieder kein Geld habe.«

»Ich bin frustriert, dass das Geld schon wieder alle ist.«

❧ Heilender Satz: »Obwohl ich frustriert bin, dass das Geld schon wieder alle ist, liebe und akzeptiere ich mich so, wie ich bin.«

❧ Behandlungssatz: »Ich bin frustriert, dass das Geld schon wieder alle ist.«

»Ich ärgere mich, dass ich nie bis zum Monatsende auskomme.«

❧ Heilender Satz: »Obwohl ich mich ärgere, dass ich nie bis zum Monatsende auskomme, liebe und akzeptiere ich mich so, wie ich bin.«

❧ Behandlungssatz: »Ich ärgere mich, dass ich nie bis zum Monatsende auskomme.«

»Ich finde es ungerecht, dass ich nie genug Geld habe.«

❧ Heilender Satz: »Obwohl ich ungerecht finde, dass ich nie genug Geld habe, liebe und akzeptiere ich mich so, wie ich bin.«

❧ Behandlungssatz: »Ich finde es ungerecht, dass ich nie genug Geld habe.«

Vielleicht haben Sie ja auch resigniert. Auch dieses stark hemmende Gefühl sollten Sie auf jeden Fall beklopfen.

Doch die Frage ist ja weiterhin: Warum kommt das Geld zu den einen und meidet die anderen? Gängige Erklärungen, mit denen vermieden wird, die Verantwortung für sich zu übernehmen, lauten etwa: »Der hat halt Glück gehabt.« »Der hatte ja auch einen viel besseren Start als ich.« »Es gibt Wichtigeres als Geld.« Und im Gefolge dieses Ungleichgewichts zwischen Arm und Reich entsteht dann etwas, das garantiert verhindert, dass das Geld zu Ihnen kommt: *Neid*. Den beklopfen Sie am besten gleich hier und jetzt:

❧ Heilender Satz: »Obwohl ich neidisch bin, dass andere so reich sind (mehr Geld haben als ich), liebe und akzeptiere ich mich so, wie ich bin.«

❧ Behandlungssatz: »Ich bin neidisch, dass andere so reich sind (mehr Geld haben als ich).«

❦ Heilender Satz: »Obwohl ich grün vor Neid bin, dass andere so reich sind (mehr Geld haben als ich), liebe und akzeptiere ich mich so, wie ich bin.«

❧ Behandlungssatz: »Ich bin grün vor Neid, dass andere so reich sind (mehr Geld haben als ich).«

Was stellt sich bei Ihnen noch ein hinsichtlich des Ungleichgewichts zwischen Arm und Reich? *Verachtung für die Reichen?* Klopfen!

❦ Heilender Satz: »Obwohl ich Reiche für Ihren Reichtum verachte, liebe und akzeptiere ich mich so, wie ich bin.«

❧ Behandlungssatz: »Ich verachte Reiche für Ihren Reichtum.«

Oder haben Sie das Gefühl, dass Sie es nicht verdient haben, reich zu sein?

❦ Heilender Satz: »Obwohl ich es nicht verdient habe, reich zu sein, liebe und akzeptiere ich mich so, wie ich bin.«

❧ Behandlungssatz: »Ich habe es nicht verdient, reich zu sein.«

Oder können Sie sich gar nicht vorstellen, reich zu werden?

❦ Heilender Satz: »Obwohl ich mir gar nicht vorstellen kann, reich zu werden, liebe und akzeptiere ich mich so, wie ich bin.«

Behandlungssatz: »Ich kann mir gar nicht vorstellen, reich zu werden.«

Heilender Satz: »Obwohl ich mir gar nicht vorstellen kann, dass ich viel Geld habe, liebe und akzeptiere ich mich so, wie ich bin.«

Behandlungssatz: »Ich kann mir gar nicht vorstellen, dass ich viel Geld habe.«

Vielleicht denken Sie ja auch, dass es für Sie unmöglich ist, reich zu sein?

Heilender Satz: »Obwohl es für mich unmöglich ist, reich zu sein, wähle ich, mich so zu lieben und zu achten wie ich bin.«

Behandlungssatz: »Es ist für mich unmöglich, reich zu sein.«

Oder Sie haben Angst davor, reich zu sein?

Heilender Satz: »Obwohl ich Angst habe, reich zu sein, liebe und akzeptiere ich mich so, wie ich bin.«

Behandlungssatz: »Ich habe Angst, reich zu sein.«

Apropos Angst: Empfinden Sie Angst, wenn Sie viel Geld im Portemonnaie haben? Dabei spielt es nicht die geringste Rolle, um welchen Betrag es sich handelt. Für den einen stellen 5 000 Euro viel Geld dar, für den anderen sind bereits 200 Euro ein stattliches Sümmchen. Unabhängig von der Höhe des Betrages in Ihrem Portemonnaie, dessen möglichen Verlust Sie befürchten, beklopfen Sie die Ängste, die sich einstellen.

Sie haben Angst, so viel Geld im Portemonnaie zu haben.

❧ Heilender Satz: »Obwohl ich Angst habe, so viel Geld im Portemonnaie zu haben, liebe und akzeptiere ich mich so, wie ich bin.«

❧ Behandlungssatz: »Ich habe Angst, so viel Geld im Portemonnaie zu haben.«

Haben Sie Angst, überfallen zu werden?

❧ Heilender Satz: »Obwohl ich Angst habe, überfallen zu werden, wenn ich so viel Geld im Portemonnaie habe, liebe und akzeptiere ich mich so, wie ich bin.«

❧ Behandlungssatz: »Ich habe Angst, überfallen zu werden, wenn ich so viel Geld im Portemonnaie habe.«

Haben Sie Angst, das Geld zu verlieren?

❧ Heilender Satz: »Obwohl ich Angst habe, das Geld zu verlieren, liebe und akzeptiere ich mich so, wie ich bin.«

❧ Behandlungssatz: »Ich habe Angst, das Geld zu verlieren.«

»Ich liebe Geld!«

Wenn Sie all diese Themen beklopft haben, dürfte sich Ihr Verhältnis zum Geld schon etwas entspannt haben. Doch lassen Sie uns ruhig noch einen Schritt weitergehen. Sprechen Sie einmal den folgenden Satz laut aus: *Ich liebe Geld*! Wie fühlt sich das an? Nehmen Sie genau wahr, was Sie empfinden, und schreiben Sie diese Emotionen auf. Nachfolgend wieder einige Vorschläge zu Ihrer Unterstützung. Beklopfen Sie zunächst alle Gefühle, die sich einstellen, nach dem bekannten Schema:

»Das ist ja eklig!«

Heilender Satz: »Obwohl ich Geld eklig finde, liebe und akzeptiere ich mich so, wie ich bin.«

Behandlungssatz: »Ich finde Geld eklig.«

»Ich könnte vor Wut die Wände hochgehen, wenn ich so was höre.«

Heilender Satz: »Obwohl ich vor Wut die Wände hochgehen könnte, wenn ich so was höre, liebe und akzeptiere ich mich so, wie ich bin.«

Behandlungssatz: »Ich könnte vor Wut die Wände hochgehen, wenn ich so was höre.«

»Ich hasse Geld.«

❁ Heilender Satz: »Obwohl ich Geld hasse, liebe und akzeptiere ich mich so, wie ich bin.«

❧ Behandlungssatz: »Ich hasse Geld.«

»Ich hasse Geld, weil ich nie genug habe.«

❁ Heilender Satz: »Obwohl ich Geld hasse, weil ich nie genug habe, liebe und akzeptiere ich mich so, wie ich bin.«

❧ Behandlungssatz: »Ich hasse Geld, weil ich nie genug habe.«

»Das ist ja empörend! Wie kann man so etwas sagen!«

❁ Heilender Satz: »Obwohl ich es empörend finde, so etwas zu sagen, liebe und akzeptiere ich mich so, wie ich bin.«

❧ Behandlungssatz: »Ich finde es empörend, so etwas zu sagen.«

»Das ist ja widerlich!«

❁ Heilender Satz: »Obwohl ich es widerlich finde, so etwas zu sagen, liebe und akzeptiere ich mich so, wie ich bin.«

❧ Behandlungssatz: »Ich finde es widerlich, so etwas zu sagen.«

»Mir wird richtig schlecht, wenn ich so was höre!«

❁ Heilender Satz: »Obwohl mir richtig schlecht wird, wenn ich so was höre, liebe und akzeptiere ich mich so, wie ich bin.«

❧ Behandlungssatz: »Mir wird richtig schlecht, wenn ich so was höre.«

Auch in den Redewendungen und Sprichwörtern, die wir benutzen, ohne groß darüber nachzudenken, spiegeln sich fest verankerte Meinungen über Geld wider, wie zum Beispiel:

»Geld ist schmutzig.«

❀ Heilender Satz: »Obwohl ich der Meinung bin, dass Geld schmutzig ist, liebe und akzeptiere ich mich so, wie ich bin.«

❧ Behandlungssatz: »Ich bin der Meinung, dass Geld schmutzig ist.«

»Geld verdirbt den Charakter.«

❀ Heilender Satz: »Obwohl ich der Meinung bin, dass Geld den Charakter verdirbt, liebe und akzeptiere ich mich so, wie ich bin.«

❧ Behandlungssatz: »*Geld verdirbt den Charakter.*«

»Gott liebt die Armen.«

❀ Heilender Satz: »Obwohl ich der Meinung bin, dass Gott die Armen liebt, liebe und akzeptiere ich mich so, wie ich bin.«

❧ Behandlungssatz: »Ich bin der Meinung, dass Gott die Armen liebt.«

»Geld macht nicht glücklich.«

❀ Heilender Satz: »Obwohl ich der Meinung bin, dass Geld nicht glücklich macht, liebe und akzeptiere ich mich so, wie ich bin.«

❧ Behandlungssatz: »Geld macht nicht glücklich.«

Bestimmt melden sich bei Ihnen in Bezug auf den Satz »Ich liebe Geld« und rund um Ihre finanziellen Verhältnisse auch noch andere Gefühle und Glaubenssätze. Verfahren Sie mit diesen genau wie mit den in diesem Kapitel beispielhaft beschriebenen.

Um jedes mögliche Missverständnis zu vermeiden: Wir wollen Sie natürlich beileibe nicht dazu veranlassen, Geld künftig zu verehren wie das sprichwörtliche goldene Kalb. Da Sie aber bisher mit großer Wahrscheinlichkeit ein eher gespanntes Verhältnis zum Thema »Geld« hatten (anderenfalls hätten Sie dieses Kapitel überblättert), halten wir es für ratsam, die andere Seite so lange zu mobilisieren, bis Sie dem Geld völlig emotionsfrei gegenüberstehen und sich finanziell unbefangen bewegen können.

Zum Schluss noch ein weiterführender Hinweis: Geld kam ursprünglich auf, um den Waren- und Leistungsverkehr zwischen Menschen zu vereinfachen. Es handelt sich dabei also um nichts anderes als um Tauschenergie im freien Fluss. Geld hat folglich *immer* mit Menschen zu tun. Daraus folgt, dass unser Verhältnis zu Geld exakt unser Verhältnis zu Menschen widerspiegelt. Wenn wir also in Bezug auf Geld geizig, ängstlich, verkrampft oder gehemmt sind, dann sind wir auch im Umgang mit Menschen geizig, ängstlich, verkrampft oder gehemmt. Je gründlicher und umfassender Sie diese Schwierigkeiten beklopfen, desto entspannter wird auch Ihr Verhältnis zum Geld – und umgekehrt. Fangen Sie also gleich heute an, Ihr Verhältnis zu Ihrem Umfeld und zu Ihren Ressourcen zu harmonisieren. Dann können Sie bald aus voller Überzeugung sagen: Auch im Hinblick auf die Finanzen ist mein Leben voller Kraft und Zuversicht.

Häufig gestellte Fragen

Muss ich an den Heilenden Satz glauben?
Nein, das müssen Sie nicht. Zunächst reicht es völlig, wenn Sie »… liebe und akzeptiere ich mich so, wie ich bin« einfach sagen, ohne Betonung und Überzeugung. Sie werden jedoch feststellen, dass Ihre Überzeugung wächst und Sie diese Worte wirklich im Brustton der Überzeugung und Begeisterung sprechen können, je häufiger Sie sich mit MET beklopfen.

Sind die Behandlungssätze nicht eigentlich Affirmationen?
Nein, die Behandlungssätze sind dafür da, das Sie Ihr Problem, das Sie durch das Klopfen energetisch verändern wollen, also die Bewusstseinsebene, auf der Sie sich in diesem Moment gerade befinden, benennen.

Wenn ich mir ständig Angst oder andere belastende Gefühle in die Punkte klopfe, verstärke ich damit nicht diese Angst?
Nein, das tun Sie auf keinen Fall. Diese Sätze dienen dazu, den Fokus auf dem Thema zu halten, das Sie auf-

lösen wollen. Ängste oder andere belastende Gefühle werden in höher schwingende Gefühle wie Entspannung, Freude oder Frieden verwandelt.

Kann man nicht alle Probleme mit einem Mal beklopfen?
Das wäre schön, ist aber unserer Erfahrung nach nicht möglich. Das menschliche Bewusstsein ist eine komplexe Angelegenheit und die Arbeit mit den Gefühlen sehr umfassend. Stellen Sie sich eine Zwiebel vor. Bei jedem Thema müssen Sie Schicht für Schicht abtragen, um zum Kern vorzudringen. Und da wir meistens viele Probleme haben, müssen wir halt viele Zwiebeln schälen.

Seminarangebot der Franke$_2$ Die Akademie S. L.

(früher Europäische Akademie
für Energetische Therapien)

Als Laie können Sie MET nach Franke® in seiner Komplexität erlernen, indem Sie unser Grundseminar und danach, falls gewünscht, das Aufbauseminar besuchen. Für Laien und Therapeuten bieten wir eine Ausbildung zum MET-Therapeuten® an. Diese besteht derzeit aus vier Seminaren: Grund- und Aufbauseminar, Therapeuten- und Supervisionsseminar.

Neben diesem Ausbildungsprogramm bieten wir auch für Laien themenspezifische Seminare an. Hier seien insbesondere zu nennen das Geldüberflussseminar, die Gewichtsreduktionsseminare (Essen Sie sich frei!), MET mit Familienstellen, Frauenseminare. Diese Seminare sind gleichzeitig Fortbildungsseminare für MET-Therapeuten®.

Nähere Informationen zu unseren Seminaren finden Sie auf unserer Webseite www.franke-met.com. Sie können auch unsere Broschüre per Telefon (040-87080969 oder 0034-971-662823) oder Fax (0034-971-664256) anfordern. Eine Liste von MET-Therapeuten® in Deutschland, in der Schweiz, in Österreich und in Spanien finden Sie ebenfalls auf unserer Webseite.
MET-Behandlungen und MET-Coaching bei Rainer und Regina Franke oder ihren Mitarbeitern können Sie unter der genannten Telefonnummer buchen.

Im Rahmen der $Franke_2$ Business Akademie S. L. bieten wir in Deutschland ein spezielles Seminarprogramm für Firmen und im Network-Marketing an sowie eine Zusatzqualifikation ab Ende 2006 zum MET-Coach. Nähere Informationen finden Sie auf unserer Webseite www.met-coaching.de.

Literatur

Diamond, John, *Die heilende Kraft der Emotionen*, Kirchzarten bei Freiburg 2001

Emoto, Masaru, und Fliege, Jürgen, *Die Heilkraft des Wassers*, Burgrain 2004

Franke, Rainer und Regina, *Sorgenfrei in Minuten*, München 2005

Franke, Rainer, und Schlieske, Ingrid, *Klopfen Sie sich frei!*, Tutzing 2003

Sheldrake, Rupert, *Sieben Experimente, die die Welt verändern könnten*, Frankfurt am Main 2005

Über die Autoren

Rainer Franke ist Diplom-Psychologe und ausgebildeter Gestaltpsychotherapeut, Buchautor, MET-Therapeut, MET-Trainer sowie MET-Coach. Seit 1986 ist er in eigener Praxis als Psychotherapeut, Supervisor und Ausbilder für Gestalttherapie tätig. Fünf Auftritte bei der ARD-Talkshow »Fliege« zum Thema MET.

Regina Franke, geb. 1955, Heilpraktikerin, Buchautorin, MET-Therapeutin und MET-Trainerin. Seit 1988 als Heilpraktikerin mit den Schwerpunkten Homöopathie und Reiki tätig. Ab 1990 unterrichtete sie ein eigenes Konzept für Orientalischen Tanz und Yoga und brachte dieses 1995 nach Mallorca. Langjährige gemeinsame Praxiserfahrung als Paar- und Familientherapeutin mit Rainer Franke.
Rainer und Regina Franke sind Begründer der Franke$_2$ Die Akademie S. L. und führen gemeinsam das MET-Zentrum auf Mallorca.